SHODENSHA
SHINSHO

安倍晋三の正体

適菜 収

祥伝社新書

はじめに　「危機状況」を直視せよ

教育者の新渡戸稲造は言う。

《伝記を書くには人の性格のあらゆる方面を表すように書くのであるから、それはその人間が何も考えていない時にその人間を描くのが本当で、他処行きのような緊張した時のことばかりを書いたものならば浄瑠璃本を読んでも変ったことはない》（「読書と人生」）

安倍晋三の死後、粗製乱造された礼讃本は一面しか捉えていない。それどころか偽書に近いものもある。

読売新聞の記者が聞き書きして、「官邸のアイヒマン」と呼ばれた安倍の利害関係者が監修した『安倍晋三 回顧録』（以下『回顧録』）なる本も出版されたが、読んでいるうちに、この本の目的がわかってきた。質問は網羅的でよくできている。安倍にとって不都合な事実もきちんと取り上げている。ただ驚くべきことに、事実を矮小化したり論点をずらしたりと質問にまともに答えない安倍に対し、記者はそれ以上追及をしない。要するに、安倍の弁明を垂れ流す本になっているわけだ。

特定のイデオロギーを通せば、目の前で発生している現実でさえ、見えなくなる。
本書の目的は、検証可能な事実を基に安倍という人間の本質を明らかにすることである。ひいては安倍を担ぎ上げてきたわれわれの社会の病を炙り出すことだ。
安倍個人を批判したり揶揄するだけでは意味がない。
プロイセンの哲学者フリードリッヒ・ニーチェは『この人を見よ』でこう述べる。

《ただ私は個人を強力な拡大鏡として利用するだけだ。危機状態というものは広く行きわたっていてもこっそりしのび歩くのでなかなかつかまらない。ところが個人という拡大鏡を使うとこれがよく見えて来るのである》

《またこれと同じ意味において私はヴァーグナーを攻撃した。もっと正確に言うと、すれっからしの人を豊かな人と取り違え、もうろくした老いぼれを偉人と取り違えているドイツ「文化」の虚偽、その本能‐雑種性を私は攻撃した》

風邪をひいている人間を見ることはできても「風邪自体」は見ることができない。それと同じで、安倍という人物を通すことにより、わが国の「病」が見えてくる。

「週刊文春」「週刊新潮」「新潮45」「ザイテン」「ベストタイムズ」「日刊ゲンダイ」……。

私は長期にわたり安倍の言動を観察し文章にしてきたが、そこから見えてきた「現実」

「危機状況」を本書にまとめた。いわば総集編である。
なお、肩書は当時のものに統一、敬称はすべて省略した。

適菜 収

目次――安倍晋三の正体

第三章　デタラメな経済政策

第四章 幼稚な政治観

第五章 嘘・デマの数々

第八章　カルト、統一教会、反社、維新

第九章　歴史修正主義

第一〇章　憲法破壊

本文ＤＴＰ　アルファヴィル・デザイン

※引用文には適宜ふり仮名を加除しています。
※引用文中の〔〕は筆者の補足です。

第一章

安倍晋三とは何だったのか？

■世界史の中の日本

三つのメルクマール

世の中には多種多様な人々がいる。多種多様な意見、政治的立場がある。そしてそれぞれ自らの信条を述べる自由がある。たとえそれが荒唐無稽（こうとうむけい）なものであったとしても、言論の自由は守らなければならない。それこそが、全体主義を封じる唯一の方法であるからだ。

しかし、嘘やデマを社会に垂れ流す自由はない。嘘やデマは言論ではない。それは言論が成立する基盤を破壊するものである。

本書で明らかにするように、安倍政権は嘘とデマにより国家や社会を破壊してきた。戦後日本社会の思考停止が行き着いた先が、安倍政権である。

私がいきなりこういっても「そう思わない人」「反発する人」はいる。そこで誰もが検証可能な具体的事実をこれから示していく。

国家の崩壊を示すメルクマールは三つあると思う。

一つは二〇一五年の安全保障法制の際、国を運営する手続きを破壊したことだ。安倍は、お仲間を集めて有識者懇談会をつくり、そこで集団的自衛権を行使できるようにお膳立てをしてもらってから閣議決定し、「憲法解釈の基本的論理はまったく変わっていない」「アメリカの戦争に巻き込まれることは絶対にない」「自衛隊のリスクが下がる」などとデマを流し、内閣法制局長官の首をすげ替え、アメリカで勝手に約束してきて、最後に国会に諮り、強行採決した。仕舞いには、首相補佐官の礒崎陽輔が「法的安定性は関係ない」と言い出した。発言を撤回したとはいえ、これは近代国家としての建前をかなぐり捨てたということである。

二つめは、安倍政権下で省庁をまたがる大規模な不正が発覚し、責任がうやむやになっていることだ。森友事件における財務省の公文書改竄、南スーダン国連平和維持活動（PKO）における防衛省の日報隠蔽、裁量労働制における厚生労働省のデータ捏造、入管法（出入国管理及び難民認定法）改定に関する法務省のデータごまかし、国土交通省による基幹統計の書き換え……。安倍政権下で国への信頼は完全に破壊された。

三つめは、二〇一七年二月八日、防衛相の稲田朋美が、「（南スーダンの戦闘で）事実行為としての戦闘行為はあったが、憲法九条上の問題になる言葉は使うべきではないことから、（日報で）武力衝突という言葉を使っている」と発言したことだ。現役の閣僚が国が憲法を無視していることを公言したわけだ。これを正常な近代国家だと考えるほうが無理がある。

日本は危機管理ができていなかった。そういう国がどうなるか。今、われわれの目の前でそれが発生している。

本書の構成

本書では、テーマごとに、安倍という男の正体を明らかにしていく。

第一章では極めて特異な人間が総理大臣になり、その政権下で一気にわが国が解体された理由について説明する。背後にはアメリカの世界戦略変更とわが国の知的基盤の崩壊がある。

第二章では外交問題を扱う。対米、対ロシア、対韓国、対中国、対北朝鮮……。安倍は外交ですべて失敗し、全方位売国路線を突き進んだ。ロシアには三〇〇〇億円を貢がされた挙句、共同開発で主権問題を棚上げ。北方領土はロシアの法のもとにあるという話になってしまった。この国賊を「外交の安倍」と礼讃したのが、腐り果てた自称保守メディアと思考停止した大衆だった。

第三章では経済を扱った。安倍は著書『新しい国へ　美しい国へ　完全版』（以下、『新しい国へ』）で《わたしたちは、国家を離れて無国籍には存在できないのだ》《基礎的な単位が必要であり、その単位が国家であるのは自明だろう》などと述べておきながら、いざウォール街に行けば「もはや国境や国籍にこだわる時代は過ぎ去りました」と言い放った。TPP（環太平洋パートナーシップ）協定締結に前のめりになり、保護貿易に反対。財界に媚を売り、国民のライフラインである水道事業の民営化をもくろむなど、国家、公共に総攻撃を仕掛けた。

第四章では安倍の政治観を検証した。安倍は保守を自称しながら、保守の対極にあるような政策を一貫して打ち出した。ここでは、いかがわしい勢力、偽装保守が政権中枢に食い込んだ理由も説明する。

第五章では安倍が垂れ流した嘘・デマを検証した。にわかには信じがたいものが多いが、そこを確認すれば、総理大臣が嘘やデマを流したというより、職業的デマゴーグが総理大臣をやっていたという事実が明らかになる。

第六章では安倍のバカ発言の数々を振り返った。バカがバカを担いだ結果、日本はバカな国になってしまった。

第七章では安倍に関する一連の事件を取り上げた。安倍は追及から逃げ回り、結局何ひとつ解決しなかった。

第八章では安倍と反社会勢力・詐欺組織・カルト宗教の関係を扱った。

第九章では安倍の歴史観を検証した。その歴史観は極めて幼い。そもそも歴史を知らないので、議論は成立せず、妄想だけが暴走した。

第一〇章では安倍の憲法観を取り上げた。改憲によって安倍が何をやろうとしていたかを示す。

世界史的状況

これから述べていくように、安倍は政治家になってはならない人間だった。そんな男がなぜ総理大臣にまで登りつめてしまったのか?

そこには複雑な要因がある。一つは新自由主義の台頭である。『広辞苑』によれば、新自由主義(neo-liberalism)とは、《国家による管理や裁量的政策を排し、できる限り市場の自由な調節に問題を委ねようとする経済思想》のことである。わが国では、この三〇年にわたり構造改革という形で猛威を振るってきた。

第四章で詳しく述べるが、保守主義と自由主義は別ものである。しかし、冷戦下では、共産主義に対抗するため、保守主義者と自由主義者が手を組んだ。反共の部分で思考停止した「保守」は、やがて本質を忘れ、自由主義に対する警戒心を失っていく。それどころか、自由主義こそが「保守の本質だ」などと言い出すバカが増加していく。表層的なところでしか世界を捉えていなかった連中はアメリカの軍事的勝利をイデオロギー的な勝利と混同するようになった。そして極めて特殊なアメリカの保守観をそのまま受け入れるようになる。アメリカは建国当初から自由を至上の価値として掲げている宗教国家である。アメリカはイギリスから自由を求めて渡ってきたピューリタンの国なので、自由を神格化することが保守になる。そこでは、個人の自由に介入するものは悪とされ、極端な個人主義が発生する。政府の干渉を嫌うので、小さな政府を唱えるのが保守になる。

アメリカに留学し特殊な保守観にかぶれた連中が、政財官に食い込んだ結果、わが国では国家の中枢から国家が解体されるという倒錯（とうさく）が発生した。連中はアメリカ覇権主義に尻尾（しっぽ）を振り、構造改革路線を突き進み、ドツボにはまった。また、冷戦崩壊により共産主義の脅威が低下した結果、資本主義の論理が前面に出て、経済格差が広がっていく。挙げ句の果てには、グローバリズムという名のアメリカニズムと戦後体制の維持を擁護することが「保守」であると誤認されるようになった。

二つめは制度の破壊である。

一九九四年の小選挙区比例代表並立制の導入と政治資金規制法改正により、国の運命はおおかた決まってしまった。小選挙区制では、二大政党制に近づく。死票は増え、小さな政党は不利になる。政治家個人の資質より、党のイメージ戦略が重要になるので、ポピュリズムが政界を汚染するようになった。ここに広告会社が食い込むことになる。

また、政治資金規制法改正により、党中央にカネと権限が集中するようになった。これにより政治の形が変わった。かつては党内で利害調整や合意形成といった根回しをしっかりやらなければ党が回らなかった。派閥が機能していたのは中選挙区だからだ。一つの選挙区で自民党の議員同士が戦うのだから、党内にも緊張関係があった。当然、同じ選挙区の議員とは同じ派閥には入らない。政策論争もあった。しかし、党の中央の権限が強くなった結果、ひたすら党に媚びへつらう思考停止した議員ばかりになった。下手に歯向かえば、次の選挙で公認をもらえないどころか、「刺客(しかく)」を送られる。

かつての自民党には少数ながらも保守的な政治家が在籍していた。五五年体制下では、党内における派閥間の抗争という形で議会政治が成り立っていた。

しかし、大衆社会化および政治制度の改悪により、自民党から保守的要素は切り捨てられ、いかがわしい都市政党になっていく。支持基盤が変わったのだから、安倍が農協などの中間組織に攻撃を仕掛けたのも当然だ。安倍は「農政の大改革は待ったなし」「新しい日本農業の姿を描いていく」などと述べ、農協を一般社団法人に移行させる方針を打ち出した。

こうして議員は挙手要員に成り下がり、熟議や国民に対する丁寧な説明は軽視され、広告会社によるプロパガンダが世論を形成し、「改革」という名の日本破壊の過程で発生する利権の収奪合戦が始まった。

「アメリカは解放者」

構造改革はもともと左翼の発想だが、平成元年（一九八九）あたりから、自民党が唱え始めた。政権の中枢から、改革、革命という発想が飛び出してくるようになった。自民党は平成元年の政治改革大綱で、小選挙区制度を提唱。小選挙区比例代表並立制が導入されたのは一九九四年の細川（護煕）政権下だが、それ以前に自民党の中から選挙制度に手をつける動きが活発になっていたわけだ。

短いスパンでしか歴史を見ていない人は、「安倍が日本を破壊した」と言うが、平成元年にすでに火種は仕込まれており、その流れにそって小沢一郎が『日本改造計画』を書いたり、小泉劇場や民主党政治のようなものが出てきたりした。安倍は最後の総仕上げとして、すでに傾いていた日本を、地獄に突き落とした。

構造改革を一気に加速させたのは小泉純一郎政権である。

二〇〇五年、郵政民営化関連法案が参議院で否決されると、小泉純一郎は「郵政民営化に賛成してくれるのか、反対するのか、これをはっきりと国民の皆様に問いたい」と言い、衆議院を解散した。職業政治家の判断を無視し、素人の意見である世論に判断を委ねたわけだ。

小泉は、郵政民営化に反対した少数の保守勢力に「抵抗勢力」とレッテルを貼り、公認を拒み、「刺客」を選挙区に送り込んだ。小泉は「自民党をぶっ壊す」と息巻いたが、自民党と一緒に議会主義も政治のプロセスもぶっ壊したのである。

連中は郵政民営化を押し通すために、広告会社を使い大衆を誘導する戦略をとった。本来政治に組み込むべきではないマーケティングとプロパガンダの手法を使い、大衆の心の一番汚いところに訴えかけた。「官僚や公務員はけしからん」「あらゆる規制を撤廃して、既得権益を破壊しろ」とルサンチマン（恨みつらみ）を煽り立てた。

どこかに悪い奴がいて正義の味方である自分たちがそれを倒すという紙芝居により、大衆を動員する手法は、現在も一貫して続いている。自分たちの足場を破壊していることに気付かない大衆は、こうした公開リンチに喝采を送る。

グローバル企業にとっては、国家の論理は障壁でしかない。極端な格差が発生しようが、連中は道徳や公共という概念に関知しない。よって、グローバル企業や財界の下請けである政治家が国家に総攻撃を仕掛けてきたのは、当然の帰結ということになる。

小泉はそれを隠しもしなかった。

二〇〇一年六月三〇日、小泉は「日本は、外圧によって今まで改革をしてきた」「米国は（第二次世界大戦の）勝者として寛大な解放者として振る舞った」「従って、米国は経済問題や社会問題について日本に対してああした方が良いということがあれば遠慮なく言って欲しい」と発言。

主権の回復と独立をひたすら拒否し、外圧をおねだりする自民党の姿勢は、戦後レジームからの脱却を謳いながら戦後レジームを確定させた安倍政権に行き着く。二〇〇六年九月二六日、安倍は所信表明演説で小泉構造改革路線を「しっかり引き継ぎ」「むしろ加速させる」と発言。

政治の劣化に伴い、選挙で洗礼を受けて政権を得た以上、それは期間を区切られた独裁、つまり権力を集中させてトップダウンでやるべきだという発想も蔓延(はびこ)るようになった。政治にはスピードが必要であり、文句があるなら次の選挙で落とせばいいというわけだ。目立つところでは、小沢一郎が言い出し、菅直人(かんなおと)や安倍もほぼ同じ発言をしている。安倍とその周辺は官邸に権力を集中させ、官僚の人事を掌握し、権力の私物化、人治国家化を進めていった。

なぜ政治は急速に劣化したのか？

以前私は《「なぜ維新の会は問題を起こす人物が多いのか」と問うのは間違い。問題を起こすような人物だから維新に接近していくのである。順法意識や社会性の欠如、間違っていることを間違っていると感じない……。短く言えば、人間性の欠如》とツイートしたことがある。

つまり、政治家が劣化したというよりも、不道徳な連中が政界にもぐりこんでしまうような制度変更が行なわれてきたのである。

すでに述べたように、とくに小泉政権以降、マーケティングとプロパガンダの手法が露骨な形で政治に組み込まれるようになったが、その背景には悪性のニヒリズムの拡大がある。議論によって相手を説得し、合意形成を目指すよりも、社会に一定の割合で存在するバカの動向をマーケティングで探り、プロパガンダにより「ふわっとした民意」をすくい上げたほうが手っ取り早いと考える連中が、政権中枢にもぐりこんだ。

安倍政権は周辺メディアを使って嘘やデマを社会に垂れ流し、都合の悪いメディアに圧力をかけ続けた。

アメリカ国務省が発表した人権状況に関する二〇一六年版の年次報告書は、放送局が政治的な公平性に欠ける放送を繰り返した場合、総務大臣の高市早苗（たかいちさなえ）が電波停止を命じる可能性に言及したことを挙げ、「安倍政権によるメディアへの圧力強化に懸念が強まった」と指摘している。二〇一六年、国境なき記者団は「国境なき記者団は日本のメディアの自由の低下を懸念する」という文書を発表。「安倍政権によるメディアの独立性への脅（おど）し」「主要な放送局内で自主規制が進んでいること」などを挙げた。安倍政権時代に作成された総務省の内部文書には、「現在の放送番組には明らかにおかしいものもあり、こうした現状は正すべき」という安倍の発言も記録されている。

「国境なき記者団」により発表された「世界報道の自由度インデックス」によれば、二〇一〇年、日本は世界一八〇ヵ国中一一位だったが、二〇一四年には五九位、二〇一五年には六一位、二〇一六年には七二位になっている。戦争もなく、殺害されたジャーナリストもいないのに、毎年ランクが下がっている。

最新の二〇二二年度は七一位。G7の中で最下位である。

安倍と周辺の一味は、放送を掌握するために、放送法の条文撤廃や規制の変更などを行なってきた。外資が放送局の株式を二〇%以上保有することを制限する規定の撤廃をもくろみ、外国勢力が放送を乗っ取るように動いたのも安倍である。

■大衆社会の末期症状

大衆は繰り返し騙される

騙（だま）すほうが悪いのは当然だが、同じようなものに騙され続けるほうにも問題がある。騙す側と騙される側の共犯関係により、問題はより深刻になっていく。

安倍政権を支持していたのは「右翼」でも「保守」でもない。辞任前に安倍政権の支持率は四割前後あったが、右翼や保守が四割もいるわけがない。安倍政権を支持していたのは、利権がある連中（財界、政商、広告会社）か、単なる反左翼の思考停止した連中（保守系論壇誌に多い）か、新自由主義を保守と勘違いしているバカか、カルト勢力か、改革幻想に踊らされた大衆である。

なお、ネトウヨは右翼ではない。右翼の文献を読んでいるわけでもない。ネトウヨは、「ネット上にウヨウヨいる情報弱者」の略。要するにバカ。彼らは特定のトピックに反応し、メディアから与えられたテンプレートに乗って、劣化した言論をまき散らす。

「安倍さん以外に誰がいるのか」「外交の安倍」「安倍さんは大局を見て動いている」「経済政策が変なのは、財務官僚に騙されているだけ」「安倍さんは株価を二倍にしてくれた」「雇用が改善された」「慰安婦問題や拉致問題に奮闘して頑張ってきた」「憲法を変えてくれるのは安倍さんしかいない」「財界の要望に従うのは改憲という大義のためだ」「安倍政権を批判するのは改憲を阻止しようとする左翼の陰謀だ」「森友問題も加計問題も捏造だ」「グローバリズムが既定路線である以上、そこで生きぬく道を探るしかない」……。

日々の生活の不満を解消するために、あらかじめ用意された「敵」を叩くことで充足する情報弱者たちが、現実を直視することから逃げ、自分たちに都合のいい夢に浸っている間に、国や社会、法の破壊が進行していった。この流れに掉さしたのが自称保守論壇である。

私は自称保守論壇の中にも二つのタイプがあると思う。

一つはビジネス右翼の類。これはメディア上層部に多いが、判断基準はカネなのでそこにモラルが介在する余地はない。どんなに下劣なものでも売れればそれでOKという発想だ。政権に恩を売ればメリットもある。メディアごとに安倍がインタビューに応じた回数を比較してみれば明らかだ。そのおこぼれに与ろうとする底辺のライターもいる。メディアの役割を放棄して、安倍礼讃報道を続け、カネのために壊国に加担する連中だ。

もう一つは本気で安倍を「愛国者」だと思っていた連中である。

統一教会問題などが発覚しても、自分たちの狭い世界に閉じこもり、自己欺瞞を繰り返し、より深みにはまっていく。人間は知りたくないことは知ろうとしないし、認めたくないものは認めようとしない。それで「野党よりマシ」「批判するなら対案を示せ」「上から目線だ」などと言いながら、生ぬるい場所に逃げ込む。

いずれにせよ、腐った連中が安倍という虚像を作り出したのである。

共同体から切断され、不安に支配された大衆は、自由の責任に耐えることができず、「隷属の新しい形」（アレクシ・ド・トクヴィル）を求めるようになる。

第四章で詳しく述べるが、安倍信者のメンタリティーは人民政府の人民である。判断の責任を負うことができないので、道を示してくれる強力なリーダーを求める。ＳＮＳに「安倍がダメならどの政治家を信じればいいのか」と言う人がいたが、「信じる」と言っている時点で騙される要素が満載。政党や政治家は信仰の対象ではない。自分の頭で考えることを放棄するから、何度も騙される。こうしていかがわしい連中が三〇年かけて目指してきた国家の否定と、「自分の身は自分で守れ」という社会がついに到来したわけだ。

いつまでやるんだ

安倍政権が引き起こした一連の状況を、日本特有の政治の脆弱（ぜいじゃく）性の問題と捉えるか、近代大衆社会が必然的に行き着く崩壊への過程と捉えるかは重要だが、私が見る限りその両方だと思う。前者は戦前戦中戦後を貫く日本人の「改革幻想」や選挙制度についての議論で説明できるし、後者は国際社会が近代の建前を放棄し、露骨な生存競争に突入したことを示している。いずれにせよ、こうした中で、わが国は食いものにされてきた。
こうした日本人のメンタリティーは、属国根性と奴隷根性という言葉に規定される。
奴隷は自分が奴隷であるという辛い現実を認めたくない。そこで自己欺瞞が始まる。
奴隷商人の親玉を「いい人」だと思い込む。これは重病の患者が担当医を名医だと思いたがるのと同じ。

ＳＮＳで安倍の失政を批判すると、「安倍さんは亡くなっているんだ。反論できない人を批判するのは卑怯だ」みたいなことを言う人がいた。こうした特殊な思考回路の人たちが安倍を支持してきたのである。同じことをドイツ人に言えばいい。「バカは黙ってろ」と言い返されて終わり。

「死んだら仏。死者を批判しないのは日本人の美徳」とか言い出すバカもいたが、それは美徳ではなくて悪徳である。国家存続の根幹にかかわる問題を、「死んだら終了」にしていいわけがない。まともな検証もせずに、ワイドショーの話題のようにニュースを消費するだけでは、何度も同じところで間違える。

森友学園問題など安倍に関する一連の事件に関しても、「いつまでこんなことで国会で騒いでいるんだ」と騒ぐバカがいた。こちらが聞きたい。安倍本人が言うように「疑いを持たれるということは当然」だからではないか。第七章で述べるように、安倍を巡る問題は何ひとつ解決していない。

安倍信者の本音

安倍を支持してきた連中は本音ではアメリカ隷属を望んでいるのだと思う。しかし、それを認めたくない。そこで自己欺瞞が始まる。

日本は戦略として自発的にアメリカに服従しているのだと自分に言い聞かせる。自分を騙し続けた結果、それが体質にまで変化する。

いまや「米軍基地を減らせ」と言えば下手をすると「左翼」と呼ばれる。奴隷たちが声を振り絞って「縛ってくれ」「管理してくれ」と叫ぶ。とにかく自立だけはしたくない。自己欺瞞に関しては日本は一流だった。

元駐日米大使のウォルター・フレデリック・モンデールは、一九九五年の米軍普天間(ふてんま)飛行場の返還交渉で、日本側が米海兵隊の駐留継続を望んでいたと暴露している。日本は独立を放棄し、属国化をおねだりしてきた。こうした属国根性、奴隷精神が「安倍的なもの」を生み出したのである。

奴隷の思考回路

わが国はアメリカのもくろみ通りになってきた。

そこで女衒（ぜげん）の役割を果たしたのが安倍である。

すでに述べたように、売国に加担している自覚がない大衆がマーケティングとプロパガンダにより誘導された結果、近代国家としては日本は世界に先駆けて崩壊した。人間の心の闇、脆弱な部分を狙い撃ちにしたテクノロジーが発達すれば、ニヒリストはそろばんをはじきながらそれを利用する。大衆と権力機構の直結。二〇世紀以降の「悪」は純粋な大衆運動として発生する。

「日本を破壊したい」という悪意を持って安倍政権を支持した人間は多くはいないと思う。ほとんどは無知で愚鈍だから支持したのである。

二〇二〇年八月二四日、安倍の首相連続在職日数が二七九九日となり憲政史上最長となった。安倍は「政治においては、何日間在職したかでなくて、何を成し遂げたかが問われるのだろうと思いますが、この七年八ヵ月、国民の皆様にお約束した政策を実行するため、結果を出すために、一日一日、日々全身全霊を傾けてまいりました。その積み重ねの上に、今日の日を迎えることができたんだろうと考えております」とコメント。どこのパラレルワールドの住人なのか知らないが、まさに「成し遂げた」ことが問題になっている中でのこの発言。

同月一七日、安倍は東京・信濃町の慶應義塾大学病院を訪れ、約七時間半滞在している。同月二四日にも再び病院を訪問。持病の潰瘍性大腸炎が悪化したという説や、検察の捜査（公職選挙法違反）から逃れるための入院の準備といった説も流れた。

周辺の連中はメディアに事前リークして病院通いを大々的に報道させた。同月二八日、安倍は「本年六月の定期健診で（潰瘍性大腸炎）再発の兆候が見られると指摘を受けました」などとお涙頂戴の辞任会見を行ない、直後に支持率は急上昇した。

首相動静を見ると、安倍は辞任直前まで会食を繰り返していた。持病の再発の兆候があったと主張する六月以降も、高級レストランで宴会三昧。自民党議員の政治資金パーティーに連日駆け付け、夜の会合にも出席。谷口智彦内閣官房参与の証言によれば、辞任後の九月一一日にも安倍はコース料理を完食し、酒まで飲んでいる。

こんな話もある。

《持病の潰瘍性大腸炎の経過を気づかう声に、「新しい薬が効いているんで、もう大丈夫になりました」と安倍は笑顔で答える。すると、隣の昭恵夫人がこんな軽口を叩いた。

「主人はお芝居がうまいから。アハハ!」》(「週刊現代」二〇二一年八月二一・二八日号)

しかし、問題は病気に関する真偽ではない。政策でもなく、何をやったかでもなく、持病が悪化すれば支持率は上がるという事実である。

ヴァイツゼッカーの言葉

安倍政権下においては、言葉の破壊、事実の捏造、歴史の修正が一貫して行なわれてきた。嘘と現実の間に矛盾が発生したら嘘を優先する。ホラ吹きがどれだけホラを吹いても議事録が修正される。

二〇一六年一〇月一七日、TPPの承認案を審議する衆院特別委員会で、安倍は「我が党において、(一九五五年の)結党以来、強行採決をしようと考えたことはない」と発言。もちろん、自民党は過去に何度も強行採決を行なっている。二〇一五年九月の安全保障関連法案の審議では、参院特別委で与野党議員がもみ合う中、採決を強行。参院の速記担当者は「速記中止」「発言する者多く、議場騒然、聴取不能」と記録している。

しかし議事録には、「速記を開始し」「右両案の質疑を終局した後、いずれも可決すべきものと決定した」という記述になっていた。

なるほど、議事録で書き換えるなら、強行採決も「ない」ことになる。

事実そのものが抹消・捏造されるなら、やがて歴史の解釈すら不可能になる。

安倍と周辺の一味は嘘に嘘を重ね、時間を稼ぎ、疑惑の追及から逃げ切ろうとしてきたが、ついには「その時々の社会情勢に応じて（反社会勢力の定義は）変化し得るものであり、限定的・統一的な定義は困難だ」とする答弁書を閣議決定。これはテロリストが「テロの定義はない」と言い張るようなものだ。安倍の悪事は最後の一線を越えた。

こうした言葉の混乱の上に、安倍は権力を私物化していく。第八章で詳しく述べるように、そこには反社会勢力、反日勢力、統一教会などのカルトが結集。それを保守を自称する反日メディアがサポートした。いや、それどころではない。安倍とその周辺自体が反社会勢力だったのである。本書を最後まで読めばわかるが、われわれはメディアが作り出したイメージではなく、現実を議論のスタートラインにしなければならない。

ドイツの第六代連邦大統領リヒャルト・フォン・ヴァイツゼッカーは「過去に目を閉ざす者は結局のところ現在にも盲目となる」と言った。

過去を知ろうとしない人間、歴史を都合よく解釈する人間が同じ過ちを繰り返すのだ。

家畜は自立したくもないし、考えたくもない。怖くてただ震えている。そして管理支配されたいのである。牧場の管理人と家畜が結託している世の中において、保守の対極に位置する連中が「保守」を名乗り、権力の中枢にもぐりこみ、国の解体を始めた。

スペインの哲学者オルテガ・イ・ガセットの言葉を引いておく。

《饑饉（ききん）が原因の暴動では、一般大衆はパンを求めるのが普通だが、なんとそのためにパン屋を破壊するというのが彼らの普通のやり方なのである。この例は、今日の大衆が、彼らをはぐくんでくれる文明に対してとる、いっそう広範で複雑な態度の象徴的な例といえよう》（『大衆の反逆』）

第二章

「外交の安倍」の実体

■ロシアの犬

主権放棄がスタートライン

安倍は『新しい国へ』でこう述べる。

《さて、国外に目を転じると、民主党政権の三年間は、まさに「外交敗北」の三年間でした。北方領土にロシア首脳が、竹島に韓国大統領が上陸する。（中略）いずれも自民党政権時代にはありえなかったことです》《こうして日本が抱える課題を列挙してみると、拉致問題のみならず、領土問題、日米関係、あるいはTPPのような経済問題でさえ、その根っこはひとつのように思えます。すなわち日本国民の生命と財産および日本の領土は、日本国政府が自らの手で守るという明確な意識のないまま、問題を先送りにし、経済的豊かさを享受してきたツケではないでしょうか》

これほど的確な安倍批判はない。

安倍政権下の二〇一五年八月、ロシアのドミトリー・メドベージェフ首相が北方領土に上陸。二〇一九年八月二日にも上陸した。安倍政権はまさに「外交敗北」の連続だった。

二〇一五年九月二八日、ニューヨークでウラジーミル・プーチンと会談した安倍は、少しだけ遅刻したが、会場に入るなり満面の笑みを浮かべ、キャピキャピの女の子走りで、プーチンに駆け寄った。このときの映像がネットに転載され、中国で「かわいい」「まるで秋田犬」などと話題になった。日本からすれば恥晒(さら)しの一言だ。

二〇一六年九月二日、安倍はウラジオストクでプーチンと会談。その後、記者団に対し、「プーチン大統領とは日ロ関係だけでなく、北朝鮮、シリア、ウクライナ問題といった国際社会が直面する諸課題について、ゆっくり時間をかけて議論した」「(日ロの)平和条約については二人だけでかなり突っ込んだ議論ができた。新しいアプローチに基づく交渉を今後、具体的に進めていく道筋が見えてきた。手応えを強く感じとることができた会談だった」「七〇年以上にわたり平和条約が締結されていない異常な状況を打開するためには、首脳同士の信頼関係のもと解決策を見いだしていくしか道はない」と自画自賛。

同年一二月一二日、浮き足立った安倍は、北方領土の元島民らと首相公邸で面会。「私の世代でこの問題に終止符を打つ。この決意で首脳会談に臨みたい」と鼻息を荒くした。

同月一五日、安倍の地元山口県で行なわれた日ロ首脳会談に、プーチンは二時間四〇分も遅刻。翌一六日には東京でも会談。安倍は「プーチン大統領、ウラジーミル。ようこそ、日本へ。日本国民を代表して君を歓迎したいと思います」とファーストネームを連呼。日本語でもロシア語でも「君」は目下の人間に使う言葉である。

安倍は日本側の巨額投資を中心とする「共同経済活動」案をロシアに提示。最初から北方四島の主権問題を棚上げし、ロシア側を驚かせた。ロシア国営テレビ局は「歴史的」と表現（同年一二月一五日）。別の番組では「これは当然、衝撃的だ。なぜならば日本はこれまで、そのような活動に参加することは、島における日本の〝主権なるもの〟に疑義を唱えるものになると考えていたからだ」と報じた。

また、ロシア記者団が「ロシアの法に基づいて共同経済活動を行なうということに、日本側は抗議をしなかったのか」と質問すると、ドミトリー・ペスコフ大統領報道官は「（四島の）主権問題は一切話し合われなかった。ロシア側の主権に議論の余地はないからだ」と回答。

同月二〇日、安倍は講演で日ロ首脳会談で合意した経済協力の意義について、「日本人とロシア人がともに働く中で理解と信頼が深まれば、北方四島を『対立の島』ではなく『共存の島』にできる」「政治も外交もリアリズムが大切だ」と発言。

問題は安倍にリアリズムの欠片もなかったことだ。ロシアは当初から態度を明らかにしていたわけで、思いつきで外交をするから支離滅裂になる。「この問題に終止符を打つ」と言い出し、実際終止符が打たれた。北方領土は戻ってこない。

利用しがいのあるホラ吹き

二〇一八年九月一二日、ロシア政府がウラジオストクで開いた国際会議「東方経済フォーラム」で平和条約締結や北方領土問題について「アプローチを変えなければならない」と呼びかけた安倍に対し、プーチンは、平和条約締結後に二島の引き渡しを明記した日ソ共同宣言に言及した上で、「前提条件をつけずに年内に平和条約を締結し、すべての問題の議論を続けよう」と答えた。これは日本とロシアが積み重ねてきた交渉のすべてを反故にするものであり、毅然とした態度で「冗談ではない」と言わなければならない局面だった。しかし、安倍はなぜか満面の笑顔をつくり、ヘラヘラと笑っていた。

この態度が大きな問題になると、安倍は「プーチン氏の平和条約締結への意欲の表れだと捉えている」と意味不明なことを言い出し、さらにはＮＨＫの番組で「北方領土問題を解決した上で平和条約を締結するのが日本の原則」だとプーチンに直接反論したと発言。

しかし、ペスコフはそれを否定。ロシア国営テレビで、「プーチン大統領が前提条件なしの年内の日本との平和条約締結を安倍晋三首相に提案したとき、安倍首相本人からは何の反応もなかった」と証言した。ここでロシア側が嘘をつく理由はない。安倍がその場をごまかすために嘘をついたのだ。

このホラ吹きを利用したのがプーチンだった。ボンクラが日本の総理をやっているうちに、むしり取れるものはむしり取るためだ。狡猾(こうかつ)なプーチンが千載一遇(せんざいいちぐう)のチャンスを見逃すわけがない。

二〇一八年一二月、プーチンは「日本にどのくらい主権があるのかわからない」と発言。わかりやすくいえば「お前らはアメリカの属国だろ」ということだ。

二〇一九年一月一四日、セルゲイ・ラブロフは日ロ外相会談で「日本は四島がロシア領土だと認めよ」「北方領土という用語を使うな」と要求。

二〇一九年九月五日の「東方経済フォーラム」で、安倍はプーチンに向かって「ウラジーミル。君と僕は、同じ未来を見ている。行きましょう、プーチン大統領」「ゴールまで、ウラジーミル、二人の力で、駆けて、駆け、駆け抜けようではありませんか」と発言。ネットでは「気色悪いポエム」「青年の主張」などと揶揄されていた。これまでもプーチンに会えば、体をくねくねと動かし、瞳を潤ませ、全力で恭順の意を示してきたが、さらには演説でロシアの四行詩を紹介。

《ロシアは、頭ではわからない。並の尺度では測れない。何しろ色々、特別ゆえ。ただ信じる。それがロシアとの付き合い方だ》

ただ信じる。安倍がやったのはこれだけだ。

二〇一九年九月六日、プーチンは「(北方領土は) スターリンがすべてを手に入れた。議論は終わりだ」と吐き捨てた。

新しいアプローチ

その後もロシアは北方領土の軍事拠点化を進めていく。ミサイルも配備。

プーチンは安倍を「金づる」「パシリ」くらいにしか思っていなかった。二七回も会談しておきながら、最初から一島たりとも返す気はない。

二〇二一年二月一四日、プーチンはテレビ番組で「ロシアの基本法 (憲法) に反することとは一切行なわない」と発言。ロシアでは二〇二〇年七月の憲法改正で領土の割譲を禁じる条項が新設されている。領土割譲の禁止条項には「隣国との国境画定作業は除く」とする例外規定があるが、それが適用されるわけもない。プーチンは、日ロ間の境界線について、「ラブロフ外相に尋ねるべきだ」とも発言。周知の通り、ラブロフは領土問題は存在せず、国境も画定済みだとする立場である。

メドベージェフは「(改憲により)我々にはロシア領の主権引き渡しに関する交渉の権利はなくなった。交渉の対象(領土問題)は消えている」と発言。

つまり完全に「終わった話」ということだ。

二〇二三年三月九日、プーチンは北方領土に免税特区を創設するための法案に署名。これは進出する内外企業に対し、二〇年間にわたって税優遇措置を適用するもの。

この件に関し、米紙「ワシントン・ポスト」は「日本の夢ついえる」という記事を特集に組み込んだ。

夜郎自大

二〇二二年二月二四日、ロシアがウクライナに軍事侵攻すると、これまで全力でロシアに恭順の意を示してきた安倍は自民党の会合で、「断じて許すわけにはいかない」と遠吠え。テレビ番組にも出演し、プーチンを説得することを期待する声が紹介されると、「もちろん説得できたら私も説得したいんですが」と発言。

さらに安倍は、「今回の侵攻から得た教訓」として、アメリカの核兵器を同盟国で共有して運用する政策について議論が必要と言い出した。翌日には岸田文雄に否定されていたが、火事場泥棒そのものだ。

アメリカのジョー・バイデン大統領が米軍の派遣を否定したことについては、「プーチン大統領のような指導者を相手にする場合、最初から手の内を示すよりも、『選択肢はすべてテーブルの上にある』という姿勢で交渉するのが普通ではないかと考える」などと偉そうに語っていたが、対ロ交渉において主権問題の棚上げという手の内を最初から示したのは他でもない安倍である。

岸田は「ロシアによる占拠は法的根拠のないもので、不法占拠されているとの立場だ」と発言。首相が「不法占拠」という言葉を使うのは二〇〇九年の麻生太郎以来。要するに、安倍と周辺一味はロシアに媚を売るために「不法占拠」という言葉を封印してきたのだ。安倍政権は「日本固有の領土」という表現も避けている。

二〇一九年二月、「北方四島を日本固有の領土と考えているのか」との質問主意書に対し、政府は「今後の交渉に支障を来す恐れがあることから答えは差し控える」との答弁書を閣議決定した。

安倍は戦争が始まって興奮したのか、プーチンについては「ウクライナの祖国を守るという決意の強さを見誤った。そして自分の力を過信した結果、こういうことになった」「彼の気にいる情報だけが入る状況になっていたのかも」と発言。

「自分の力を過信した」バカは一体どこのどいつなのか？

安倍はテレビ番組で「私たちが作った国際秩序に対する深刻な挑戦だ」とも語っていたが、戦後の国際秩序を作ったのは連合国である。夜郎自大とはこのことだ。

夜郎自大の語源は司馬遷の『史記』にある。夜郎の君主は、漢の使者と会った際に、自国と漢ではどちらが大国であるかと問うた。大国の漢からすれば、夜郎などは取るに足らない辺境の小国である。こうして夜郎自大は「身の程を知らず尊大ぶっているたわけ者」を意味する故事成語となった。

さらに安倍はバイデンについて「アプローチ自体がプーチン大統領にやや足元を見られたかもしれない」と発言。これにはプーチンもバイデンも苦笑いしただろう。

福田赳夫元首相の秘書で自民党本部情報局国際部主事を務めた中原義正は「日刊ゲンダイ」（二〇二二年四月一二日）で次のように述べている。

《今の自民党はかつての自民党とは全く違う》

《とりわけ清和会（清和政策研究会）を潰さない限り、日本の再生はない》
《私は〔安倍の〕父である晋太郎氏をよく知っているが、〔清和会の長である〕息子の晋三氏は中身が何もない。内政も外交も勉強していない。今のウクライナ紛争で、安倍元首相とロシアのプーチン大統領との関係があらためて取り沙汰されているが、おそらく安倍元首相はロシアの歴史や日ロ間のそれまでの協議など、基礎的な知識が何もなかったのだろう。だから、プーチン大統領に言われるままだった。いずれにしても、本来は政治家となるべき素養がない人物と言わざるを得ない》

元外務次官の竹内行夫は、安倍が「二島先行返還」にかじを切ったことについて《日本政府と国民に残された「負の遺産」》《国家主権を自ら放棄した歴史上初めての宰相〔になりうる〕》と批判。

もはや、売国奴ですらない。国土に熨斗をつけてロシアに献上したのだから「献国奴」である。安倍はプーチンの飼い犬どころかそれ未満だった。二〇一七年二月二四日の国会で、プーチンの飼い犬の秋田犬「ゆめ」について、「見た目が結構迫力があったもので、少しこわごわ手を出したところ、ペロッとなめていただいた」と敬語を使っていたが、犬の世界にも序列があるようだ。

■アメリカの犬

治外法権

二〇一七年二月一四日、安倍は国会で「日本の立場、首相としてはトランプ氏と親密な関係をしっかりつくり世界に示すしか選択肢がない」と発言。この言葉にすべてが集約されている。一般にそれを「属国」と呼ぶ。

もちろん歴代政権も立場は同じだ。しかし、その事実を認めながらも、表現でごまかしたり、あるいは苦渋の表情を浮かべて見せたりもした。引退会見のときの福田康夫(やすお)もそうだろう。しかし、安倍には屈託(くったく)がない。安倍にとって大事なことは、ご主人様の機嫌を損ねないことだけだった。

二〇一七年二月一〇日、安倍はホワイトハウスでドナルド・トランプ大統領と会談。トランプは手を差し出し、安倍に「お手」をさせ、その後、安倍の手を離さず、押したり引いたりしてみせた。安倍は威圧されたと感じたのだろう。目が完全に泳いでいた。

その際、日本のメディアのカメラマンが「こちらを向いてください」と発言。トランプが安倍に「What are they saying?」と聞くと、安倍は「Please, look at me」と答えた。それで、トランプはカメラのほうではなく、安倍をじっと見つめたのだった。とりあえず英語はできないようだ。

二〇一五年四月二九日、安倍はアメリカの上下両院合同会議で演説。そのとき安倍が使ったペーパーが「ウォール・ストリート・ジャーナル」や「ロイター」で写真と一緒に報じられた。大きな文字で中学生でもわかるレベルの英単語が並んでおり、息継ぎの箇所なども赤字で書き込まれていた。さらに（顔を上げ拍手促す）（次を強く）といった指示も入っていた。安倍はほとんど意味もわからずに読み上げたのだろう。

アメリカのメディアでは「まるで中学生の英語スピーチ大会だ」との声が上がった（「安倍首相の演説が笑いモノに『8割の米議員わからず』の声も」「日刊ゲンダイ」二〇一五年五月一日）。

英語を喋れないなら通訳をつければいいだけの話。英語が下手なのが恥ずかしいのではなく、英語が下手なのに英語でスピーチしようとすることが恥ずかしいのだ。逆を考えてみればいい。日本に来て、聞き取れない日本語でスピーチをする外国のトップはいない。これも典型的な属国「しぐさ」である。

ゴルフ外交

二〇一七年一一月五日、トランプは大統領専用機「エアフォースワン」で横田基地に降り立ち、米兵のUSAコールを浴びた。そこには三〇〇人ほどの航空自衛隊員が招かれたが、空自幹部までが若い米兵によるセキュリティーチェックを受けた（「週刊新潮」二〇一七年一一月一六日号）。米軍人はパスポートも必要ない。要するに治外法権だ。日本は主権国家としての扱いを受けていない。

来日直前の同月三日、トランプはハワイの真珠湾攻撃の追悼施設「アリゾナ記念館」を訪れ、その後ツイッターで「リメンバー・パールハーバー」とつぶやいている。

トランプは横田基地から大統領専用ヘリで霞ヶ関カンツリー倶楽部（埼玉県川越市）に移動。この接待ゴルフで安倍は複数回ボールをバンカーに入れ、しまいにはバンカーから出ようとして、すっ転び一回転した。

日本のメディアはほとんど報じなかったが、英BBCは「日本の安倍晋三氏がバンカーで転んだのに、トランプ氏はゴルフを続けた」との見出しで、動画付きで報道。インデペンデント紙も大きく報じた。

トランプは安倍がすっ転んだ映像を見て、「私は感動した。今まで見てきたどの体操選手よりも素晴らしかった」と完全にバカにしていた。

二〇二一年一一月二九日、安倍は日本維新の会「鈴木宗男を叱咤激励する会」で講演。ゴルフ外交について「トランプ大統領は北朝鮮から日本が攻撃を受けたら戦うが、日本はアメリカが攻撃を受けても黙って見ているだけなのは不公平。もっとお金を出さないと。こんな調子なんで、いつも反論する。『だから平和安全法制を作って、日米を助け合える同盟に変えた。そのために私は一〇％も支持率を落とした』と言ったら、トランプ大統領からは『グレート！ サムライだ』と言われた」。「なぜゴルフをするのか。北朝鮮からミサイルを撃ち込まれたら日本は打撃力がないから米大統領に電話して、『報復してくれ』と頼む。報復するかもしれないから北朝鮮はミサイルを撃たない。私がトランプ大統領としょっちゅうゴルフをしたのは、こんなに仲がいいから『安倍が電話をしたらトランプは報復する』と抑止力のためにゴルフをやっていた。ご理解いただきたいと思います」と発言。

こんな話を得意げに話すバカ。人治国家か。恥知らずとはこのことだ。ゴルフ仲間という理由で他国のために軍隊を出す国があるはずがない。

安保法制と集団的自衛権

二〇一五年九月一九日、安全保障関連法が成立。この問題の本質は時の政権が法とルールを恣意的に変更したことである。

問われたのは集団的自衛権を現行憲法の枠内で通せるか否かだ。

集団的自衛権とは、「ある国家が武力攻撃を受けた場合に直接に攻撃を受けていない第三国が協力して共同で防衛を行なう権利」である。憲法を読めば通せないことは自明だ。仮に憲法との整合性の問題がクリアできたとしても、集団的自衛権の行使が国益につながるかどうかは別である。国益につながるなら、議論を継続し、正当な手続きを経た上で、法案を通せばいいだけの話。

ところが安倍は、国会でデタラメな説明を繰り返した。

「今回の（安全保障法案の）法整備に当たって、憲法解釈の基本的論理はまったく変わっていない。この基本的論理は、砂川事件に関する最高裁判決の考え方と軌を一にするものだ」などとホラを吹いていたが、憲法学者や裁判官、内閣法制局長官、現場で憲法解釈を行なってきた官僚が、「憲法解釈の基本的論理が変わっている」と指摘。元最高裁判事の浜田邦夫は、判決は日本の自衛権が争われたわけではないとして、「間違っている」と断言。「基本的論理はまったく変わっていない」との部分については、「法律専門家の検証にたえられない。裁判所では通らない」と切り捨てた。

元最高裁長官の山口繁は、「（砂川事件は）当時の最高裁が集団的自衛権を意識していたとは到底考えられないし、（憲法で）集団的自衛権や個別的自衛権の行使が認められるかを判断する必要もなかった」とし、安倍は法治主義を理解していないと批判した。

参考人として国会に呼ばれた憲法学者三人（長谷部恭男、小林節、笹田栄司）全員が、安全保障関連法案を「違憲」と明言。集団的自衛権の行使について「従来の政府見解の基本的な論理の枠内では説明がつかない」と指摘した。

司法関係者や学者、専門家が問題にしていたのは法的安定性だ。正当な手続きなしに、法案を通せば、国家の法秩序の連続性が切断されることになる。これまで、内閣法制局は独断で憲法解釈を行なってきたのではなく、あらゆる方面と調整を続けてきた。国の一貫性のための、内閣法制局だろう。

法案を正当化するために安倍が存立危機事態として挙げていた例も全部デタラメ。ホルムズ海峡に機雷がまかれるケースも日本人の親子が米艦艇で移送されるケースも、事実上撤回に追い込まれている。

「東京新聞」（二〇一五年九月二三日）は、安保関連法案とアメリカの日本専門家が二〇一三年にまとめた「第三次アーミテージ・ナイ報告書」の内容がほとんど同じであると書いていた。

安倍が法案成立を強引に進めた理由はこれだろう。

集団的自衛権の行使が必要かどうかという話と、現行憲法に照らし合わせて合憲といえるかどうかはまったく別の話なのに、それを理解できないバカも散見された。

《憲法改正による集団的自衛権の行使容認には、さらに膨大な時間がかかる。その間も日本を取り巻く安全保障環境が悪化していくことは容易に想像できる。憲法解釈の見直しによる行使容認は次善の策には違いないが、急ぐ必要があるのだから仕方ない》（「産経新聞」二〇一四年三月二三日）

急ぐ必要があればなんでもできるなら、法治国家ですらない。この手のバカメディアに支えられたのが安倍政権だった。

日米地位協定

安倍と周辺一味は、近代国家としての体裁をかなぐり捨て、アメリカの完全な属国になる道を選択した。そのためにメディアや官僚を掌握しようと動いてきた。

元首相の福田康夫は内閣人事局についてこう述べる。

《政治家が人事をやってはいけない。安倍内閣最大の失敗だ》《各省庁の中堅以上の幹部は皆、官邸（の顔色）を見て仕事をしている。恥ずかしく、国家の破滅に近づいている。官邸の言うことを聞こうと、忖度以上のことをしようとして、すり寄る人もいる。能力のない人が偉くなっており、むちゃくちゃだ》（「共同通信」二〇一七年八月二日）

二〇一六年一二月一三日、米軍輸送機MV22オスプレイが沖縄県名護市沖に墜落し、大破した。安倍は翌日の会見で「重大な事故を起こしたことは大変遺憾だ。原因の徹底的な究明を強く要請している。飛行の安全確保が大前提だ」と述べた。

では「原因の徹底的な究明」は行なわれたのか？

政府は負傷者が出たこの事故を「不時着」と表現。米海軍安全センターは事故の規模を最も重大な「クラスA」に分類し、米軍の準機関紙「星条旗新聞」でも「crushed」（墜落）という単語を使っている。米軍はオスプレイの飛行を停止したが、同月一九日には全面再開。原因究明もロクにせずに飛ばしたのは、安倍が許可したからである。

同月一四日には、沖縄県副知事の安慶田光男が在沖米軍トップのローレンス・ニコルソン四軍調整官と面会し抗議したが、ニコルソンは机を叩き、「県民や住宅に被害を与えなかったことは感謝されるべきだ」「政治問題にするのか」「抗議書にパイロットへの気遣いがあってもいいのではないか」と声を荒らげたという。

安倍は「日米地位協定は運用改善だけで十分。改定は必要ない」という立場を取り続けた。日米地位協定では、米側が先に容疑者を拘束した場合、起訴されるまで米側が身柄を拘束すると規定している。また、公務中の事件や事故は米国側に第一次裁判権があり、日本の刑事裁判にかけることは難しい。米軍の犯罪の多くが起訴猶予や不起訴処分になる理由はこれである。公務にあたるかどうかは米軍が判断するのでやりたい放題だ。

二〇一七年一一月六日、赤坂（あかさか）の迎賓館でトランプと安倍が会談。トランプは日本の市場開放を求めた上で、「日本は今後、米国のさまざまな防衛装備品を買ってくれるだろう。そうすれば上空でミサイルを撃ち落とせる」「北朝鮮は核実験を行ない、弾道ミサイルを日本の領空に向けて直接、発射して国際社会の安全を脅かしている」と発言。

ミサイルが日本の領空を侵犯した事実はない。日本人の知能はその程度と心底バカにしているのだろう。

同月三日、都内の料理店で安倍はトランプの長女・イヴァンカと会食。入口付近でイヴァンカの到着を手持無沙汰に待つ写真がネットで拡散し、「恥ずかしい」「誰か止めろ」と批判が殺到したという。補佐官と一国の首相がサシで食事をするのは外交上ありえない。安倍は「国境や国籍にこだわる時代」は過ぎ去ったと言ったが、「国辱にこだわる時代」も過ぎ去ったのだろう。

同日、安倍はイヴァンカが関わる女性起業家の支援基金に約五七億円を拠出すると表明。トランプからは多額の武器の購入を引き受けた。

なお、会計検査院はアメリカからの武器の購入費について過払いの疑いを指摘している。

■中国・北朝鮮を利用

拉致問題

北朝鮮拉致被害者の家族会は、安倍晋三被害者の会ともいえる。関係者が高齢化する中、問題は長引いたまま。安倍は拉致問題を利用して名前を売ってきた。

二〇一八年一〇月二四日、「次は、私自身が金正恩(キムジョンウン)委員長と向き合わなければなりません」(第一九七回国会における所信表明演説)。

二〇一九年二月一九日、「次は私自身が金正恩委員長と向き合わなければならない」(政府与党連絡会議）。

二〇一九年三月五日、「次は私自身が金正恩朝鮮労働党委員長と向き合わなければならないと決意をしている」（参院予算委員会）。

二〇一九年三月一二日、「最終的には私自身が金正恩委員長と向き合わなければならない」（拉致被害者らとの面会で）。

二〇一九年五月六日、「私自身が金正恩委員長と条件をつけずに向き合わなければならないという考えであります」（トランプとの電話会談後）。

「次は」「今度は」「私が直接向き合って」「改めて意欲」……。結局、一度も向き合うことはなかった。

言動は支離滅裂。

二〇一七年九月二〇日、「対話による問題解決の試みは無に帰した」と言っておきながら、二〇一八年三月二六日には「私は北朝鮮との対話を否定したことは一度もありません」と平気な顔で嘘をつく。

二〇一八年五月、トランプが米朝会談をキャンセルすると、安倍はいち早くトランプ支持を表明し、やっぱり会談することになると「会談は必要不可欠だ」とひたすら追従する。

「北朝鮮の問題、拉致問題は私自身の責任で解決しなければいけないという強い使命感を持っている」（二〇一八年六月一六日）と言っておきながら、同年九月一四日には「拉致問題を解決できるのは安倍政権だけだと私が言ったことは、ございません」。

安倍が拉致問題に「直接向き合」わない中、トランプは板門店に行き、出迎えた金正恩と握手。韓国の文在寅大統領も同行した。さらにトランプは北朝鮮に入国。金正恩をアメリカに招く考えを示した。

安倍は完全に蚊帳の外。外務省にもアメリカ側からの事前連絡はなかった。

安倍いわく「まず、トランプ氏は、私の拉致問題解決に関する考えを、北朝鮮の金正恩朝鮮労働党委員長との首脳会談で直接伝えてくれた。（中略）トランプ氏には大変感謝している」。

恥知らず。安倍は総理辞任の際、北方領土問題や北朝鮮の拉致問題に触れ、「痛恨の極みだ。志半ばで職を去るのは断腸の思い」などと言っていたが、「半ば」どころか大きく後退。領土交渉は完敗し、拉致被害者は安倍政権下では一人も帰ってこなかった。

ツキがまわってきた

安倍は疑惑が追及されるたびに北朝鮮を利用してきた。

森友・加計問題の追及から逃れるため、野党による臨時国会の召集要求を九〇日以上も放置し、臨時国会を開いた途端に解散したが、「民主主義の根幹である選挙が北朝鮮の脅しで左右されることがあってはならない。そこであえてここで選挙を行なう必要がある」と言い出した（二〇一七年九月二五日）。直前まで「約束していた消費税の使い道を見直すため信を問う」選挙と言っていたのにもかかわらず。

安倍は基本的な事実関係すら理解していなかった。二〇一七年八月二九日、北朝鮮が弾道ミサイル一発を発射。北海道上空を通過し、襟裳岬（えりもみさき）東方一一八〇キロの太平洋上に落下したが、安倍は「発射直後から北朝鮮ミサイルの動きは完全に把握していた」と胸を張り、「わが国を飛び越えてミサイルが発射されたのは、これまでにない重大な脅威だ」と発言。しかし、一九九八年にも二〇〇九年にも北朝鮮のミサイルはわが国を飛び越えている。

《北朝鮮情勢が緊迫してきてから、安倍さんはすっかり元気になって、「ツキがまわってきた」と側近たちに話しています》（「週刊現代」二〇一七年五月六・一三日号）といった官邸スタッフの声も報道されているが下衆（げす）の極みである。衆院選で自民党が大勝すると、麻生太郎は「明らかに北朝鮮のおかげもある」と感謝の言葉を述べた（同年一〇月二六日）。

北朝鮮がグアム沖への弾道ミサイル発射計画で、島根、広島、高知の上空通過を予告すると、安倍は島根、広島、愛媛、高知の四県の知事と官邸で会談し、「言語道断だ」と非難（二〇一七年八月一四日）。「許し難（がた）い挑発行為を実行させないことが重要だ」「政府の最も重い責任は国民の生命を守り抜くことだ。われわれは今後も全力で取り組んでいく」と語ったが、メディアが危機を煽り、避難訓練まで行なわれる中、安倍は女房の昭恵と共に地元山口県で盆踊りに参加。「私も元気になってきた」だって。

習近平を国賓に

二〇二二年四月一七日、安倍は中国公船が尖閣（せんかく）諸島周辺への領海侵入を繰り返していることに関し、「習近平（シージンピン）国家主席と会談するたびに尖閣を守り抜くという日本の覚悟を見誤らないでもらいたいと言ってきた」と発言。過去の記録を調べたが、「会談するたび」というのは明らかに嘘である。

安倍は米紙「ロサンゼルス・タイムズ」で、ウクライナ危機を台湾有事に重ね、中国が台湾に侵攻した場合は米国が防衛する意思を明確にすべきだと主張。さすがに笑っている場合ではない。属国の元親玉が宗主国の軍事的判断に口を出し、台湾有事に火をつけようとしたわけだ。

その中国とベタベタな関係だったのも安倍だ。安倍は習を国賓として日本に招こうとしていた。新型コロナが拡大する中、中国全土に入国制限の対象を広げることをせず、入国禁止措置の発動が遅れた理由は、二〇二〇年四月に予定されていた習の訪日に影響が出ることを恐れたからだ。同年三月五日、官房長官の菅義偉（すがよしひで）が習の訪日延期を発表し、その三時間後に、安倍は中国全土からの入国制限を発表した。猿芝居もいいところだ。

■中東に対する無知

悪魔の証明問題

二〇一六年七月七日、安倍政権はイラク戦争に関し、米英の武力行使を支持した小泉純一郎の判断を「妥当」と判断した。小泉の判断を事実上追認した二〇一二年の外務省報告も見直さない方針で、その理由は、「イラクは当時、大量破壊兵器を保有していない事実を証明しようとせず、査察受け入れを求める国連安全保障理事会決議にも違反した」とのこと。

アホにも限度がある。

アメリカの最終報告書は、大量破壊兵器は存在せず、具体的開発計画もなかったことを明らかにしている。ジョージ・W・ブッシュは「私の政権の期間中、最も遺憾だったのが、イラクの大量破壊兵器に関する情報活動の失敗だった」と認め、当時の国務長官コリン・パウエルは「騙された」と述べている。イギリスの独立調査委員会は、当時のトニー・ブレア政権がサダム・フセインの脅威を過剰にアピールし、準備不足の英軍部隊を戦地に送り出し、戦後の計画は「まったく不十分だった」という見解を発表。ブレアもまた「開戦当時の情報分析は、結果的に誤っていた」と認めた。

要するに、米英は難癖をつけ、イラクを侵略したのである。

安倍はイラク戦争がなんだったのかをまったく理解していなかった。二〇一四年五月二八日、国会で「累次にわたる言わば国連決議に違反をしたのはイラクでありまして、そして大量破壊兵器がないことを証明できるチャンスがあるにもかかわらず、それを証明しなかったのはイラクであったということは申し上げておきたい」と発言。

いわゆる「悪魔の証明」問題である。ないことの証明はできない。挙証責任は当然イラク側にはない。議会でこうした発言がまかり通るのは、本当に恐ろしいことだ。なお、日本政府はイラク侵略を強硬に進めたドナルド・ラムズフェルドに旭日大綬章を与えている。

ちなみに安倍は、甘利明(あまりあきら)の企業献金問題について「ないことを証明するのは悪魔の証明だ。あると主張する側に立証責任はある」と述べている(二〇一六年二月三日)。頭の中がどういう仕組みになっていたのか謎。

難民と移民

二〇一五年一月二五日、NHK「日曜討論」に安倍は出演。キャスターが「イスラム国の側は日本の人道支援が、中東の敵対組織の軍事力の増強の余裕を生むという論法で日本を非難しているが」と問いかけると、安倍はこう答えた。

「そもそも、ではなぜ、多くの避難民が出てしまったのかということであります。シリアからの難民、現政権にも大きな原因がありますが、同時にイスラム国、ISILの振る舞いにも大きな原因があるわけでありますし、トルコからの難民はまったくその通りであるといってもいいと思います」

「ＩＳＩＬがトルコ、イラクに侵入して行った結果、多くの難民が発生した」

意味不明。トルコは難民の受け入れ国である。当時、シリア内戦を逃れて、トルコに避難したシリア人は二五〇万人を超えていた。また、イラクの難民もトルコに逃げ込んでいた。

すべてがこの調子。基本的なことを理解しないまま、いい加減なことをペラペラ喋る。人の話もまったく聞いていない。

二〇一五年九月三〇日、国連総会の一般討論演説後の記者会見で「日本がシリア難民を受け入れる可能性は？」と質問されると、安倍は「難民受け入れは人口問題として申し上げれば、我々は移民を受け入れる前にやるべきことがある」「それは女性や高齢者の活躍であり、出生率を上げていくにはまだまだ打つべき手がある」と答えた。

難民と移民の区別もついていなかった。

南スーダンの治安情勢

二〇一六年一〇月一二日、安倍は国会で南スーダンの治安情勢について問われ、「南スーダンは、例えば、我々が今いるこの永田町（ながたちょう）と比べればはるかに危険な場所だ」と与太民を飛ばした。

陸上自衛隊がＰＫＯに参加した南スーダンは混乱を極めていた。首都ジュバでは、市民数百人や中国のＰＫＯ隊員が死亡する大規模な戦闘が同年七月に発生。これについて、安倍は「戦闘行為ではなかった」との認識を示した。

野党議員から「戦闘ではなかったのか」と問われると、「武器を使って殺傷、あるいはモノを破壊する行為はあった」「我々は、衝突、いわば勢力と勢力がぶつかったという表現を使っている」と説明。武器を使って殺傷する、モノを破壊する、勢力と勢力がぶつかることを「戦闘」というのである。

陸上自衛隊の日報で現地での「戦闘」が発覚すると、防衛相の稲田朋美は、「戦闘行為」の有無について、「事実行為としての殺傷行為はあったが、憲法九条上の問題になる言葉は使うべきではないことから、武力衝突という言葉を使っている」と発言。

第一章でも述べたが、現役の閣僚が憲法違反が行なわれていると国会で明言したわけだ。

「桜を見る会」問題について、「幅広く募っているという認識だった。募集しているという認識ではなかった」という安倍の言葉にも見られるように、その人生は嘘と欺瞞に彩られていた。

第三章

デタラメな経済政策

■日本解体の総決算

移民政策

一部左翼は「安倍は排外主義者」などと頓珍漢なことを言っていたが、安倍は排外主義どころか、財界の先兵として一貫して移民政策を行なってきた。世界各国が移民問題で疲弊し、指導者が政策転換を図る中、財界の要望通りに国民を騙しながら移民を大量に国内に入れてきたのが安倍である。

二〇〇八年六月、自民党の「外国人材交流推進議員連盟」（会長・中川秀直）が、人口減少問題の解決策として今後五〇年間で一〇〇〇万人の移民を受け入れる提言をまとめた。そこには「移民庁」の設置や永住許可要件の大幅な緩和などが盛り込まれていた。この議連は、安倍の政権復帰後に「自民党国際人材議員連盟」（会長・小池百合子）として復活。

安倍は日本の移民国家化に舵を切っていく。

二〇一四年四月四日には「移民政策と誤解されないように配慮しつつ、（中略）さらなる外国人材の活用の仕組みについても、検討を進めていただきたいと思います。その際、国家戦略特区の活用も含めて検討をしていただきたいと思います」と発言。特区を利用したり、「移民と外国人材は違う」などと言いながら、グレーゾーンを拡大するやり方だ。欧州連合（EU）の例を見ても、移民受け入れの拡大はなし崩し的に進んでいる。

移民受け入れ推進派は、少子化により日本の人口減は避けられないので、このままでは日本は国際社会での競争力を失ってしまう。だから移民を受け入れて合計特殊出生率を人口が維持できる二・〇七に回復させるべきだと説明していた。「人口の維持」は、移民が子供を産むことを前提としている。つまり、日本が移民国家、複合民族国家に変貌していくことを意味する。

欧米では移民の拡大により社会が荒廃し、移民排斥を訴える政党が躍進している。安倍にとっては財界の要望に従うことだけが重要であり、国の未来などどうでもよかったのだろう。

日本の景色は一変する

二〇一三年七月二六日、安倍はシンガポールで「(日本は) シンガポールに追いつき、できれば追い越したい」と発言。

《「オープン」、「チャレンジ」、「イノベーション」。常に、私たちの改革を導くキーコンセプトです。もはや岩盤のように固まった規制を打ち破るには、強力なドリルと、強い刃が必要です。（中略）電力や農業、医療分野で規制の改革を進め、新たなサービス、新しい産業を興し、日本経済の活力を、そこから引き出します。規制改革のショーケースとなる特区も、総理大臣である私自身が進み具合を監督する「国家戦略特区」として、強い政治力を用いて、進めます》

二〇一四年一月二二日、「既得権益の岩盤を打ち破る、ドリルの刃になるのだと、私は言ってきました」「いかなる既得権益といえども、私の『ドリル』から、無傷ではいられません」と発言。

二〇一四年六月三〇日、英紙「フィナンシャル・タイムズ」に、「私の『第三の矢』は日本経済の悪魔を倒す」と題した論文を寄稿。改革の例として法人税率の引き下げなどを挙げ、外資を呼び込むための規制撤廃、エネルギーや農業、医療分野の外資への開放など、構造改革を断行する考えを示した。

また、少子高齢化社会で経済成長を続けるために、女性の社会進出、家事を担（にな）う外国人労働者の雇用を可能にすると約束。

要するに、構造改革に反対したり、法人税率の引き下げに反対したり、外資を呼び込むための規制撤廃に反対したり、エネルギーや農業、医療分野を外資に開放することに反対する人々のことを、安倍は「悪魔」と言っているわけだ。異常としか言いようがない。

安倍が目指したのは、外国資本と移民を呼び込み、外国人メイドに子育てをさせ、主婦を労働力として駆り立てるような社会、シンガポールのような〝人工国家〟である。

安倍は『新しい国へ』でこう述べる。

《ウォール街から世間を席巻した、強欲を原動力とするような資本主義ではなく、道義を重んじ、真の豊かさを知る、瑞穂(みずほ)の国には瑞穂の国にふさわしい市場主義の形があります》

国内に向けては、ウォール街の強欲資本主義を批判しておきながら、ウォール街の証券取引所に行けば正反対の言葉を並べ立てる。

二〇一三年九月二五日、安倍はニューヨーク証券取引所で「もはや国境や国籍にこだわる時代は過ぎ去りました」と言い放った。

《今日は皆さんに、「日本がもう一度儲かる国になる」(中略)ということをお話しするためにやってきました》

《ウォール街の皆様は、常に世界の半歩先を行く。ですから、今がチャンスです》

《私は、日本を、アメリカのようにベンチャー精神のあふれる、「起業大国」にしていきたいと考えています。規制改革こそが、すべての突破口になると考えています》
《日本の消費回復は確実にアメリカの輸出増大に寄与する。そのことを申し上げておきたいと思います》
自分が規制緩和により障壁を取り除くから、日本を買えというわけだ。

「新経済連のご要望」

二〇一四年一月、世界経済フォーラム年次会議（ダボス会議）で安倍は徹底的に日本の権益を破壊すると宣言。電力市場の完全自由化、医療の産業化、コメの減反の廃止、法人税率の引き下げ、雇用市場の改革、外国人労働者の受け入れ、会社法の改正などを並べ立て、「そのとき社会はあたかもリセット・ボタンを押したようになって、日本の景色は一変するでしょう」と言い放った。

その言葉通り、日本の景色は一変した。安倍政権下において、日本はすっかり暗い国になってしまった。

二〇一五年一月二二日、新経済連盟の新年会で安倍は挨拶。

「昨年末、皆さまのご支持をいただきまして、引き続き、内閣総理大臣の重責を担うこととなりました。新たな年を迎え、改めて身の引き締まる思いであります。今年も経済最優先で政権運営にあたっていく考えであります。
三木谷（浩史）さんや金丸（恭文）さんには、産業競争力会議、ＩＴ総合戦略本部、規制改革会議にも参加をいただき、私の改革を強力にサポートいただいており、大変心強い限りでございました。感謝申し上げるとともに、今年も引き続きよろしくお願いしたいと思います。
先ほど、三木谷さんからご紹介をいただきましたが、新経済連のご要望はほとんど、我々がやらさせていただいているのではないかなと、こんなように思います」

会場に笑い声が出ると、安倍はこう続けた。

「私たちも感謝申し上げますが、皆さんにもちょっと感謝していただきたいと思います」

「今月始まる通常国会を、改革断行国会にしたいと考えています。農業・雇用・医療・エネルギーといった分野での岩盤規制改革をさらに強力に進めるための法案を提出いたします。改革が後退したり、骨抜きになったりすることは、決してありません」

おぞましいの一言である。

トリクルダウン

新自由主義とは何か？

デジタル大辞泉は《政府などによる規制の最小化と、自由競争を重んじる考え方。規制や過度な社会保障・福祉・富の再分配は政府の肥大化をまねき、企業や個人の自由な経済活動を妨げると批判。市場での自由競争により、富が増大し、社会全体に行き渡るとする》と説明。

また、補説として《大企業や資産家などがより富裕化することを是認し、それらによる投資や消費により中間層・貧困層の所得も引き上げられ、富が再配分されるとする。しかし、再配分よりも富の集中や蓄積・世襲化が進み、貧富の差を広げるという見方もある》とある。

要するにトリクルダウン理論（富裕層が富めば経済活動が活発になり、その富が貧しい者にも浸透するという経済論）だ。市場を自由放任にすると不況や失業が生じる。だから政府はそれを調整、規制し、国民を保護する必要がある。しかしこうした国家の介入や福祉政策は経済に悪影響がある。だから、国営事業や公営事業を民営化し、規制緩和を行ない、自由放任にすることが結果的に国民に公平と繁栄をもたらすという理屈だ。

二〇一三年一二月一九日、安倍は「大企業の業績の果実が、国内の中小・小規模企業、そしてその従業員の皆さんに行き渡らないようであれば、アベノミクスは失敗であると、私は考えています」と発言。法人税減税などにより、一部の大企業は儲かり、株価も上がったが、平均給料は下がり続けた。中小・小規模企業、および従業員に果実は行き渡っていない。

二〇一六年一月一日、テレビ番組でアベノミクスについて論じられる中、政商の竹中平蔵(たけなかへいぞう)はトリクルダウンに言及し、「滴り落ちてくるなんてないですよ。あり得ないですよ」と発言。なお、二〇一三年に出版された『ちょっと待って！ 竹中先生、アベノミクスは本当に間違ってませんね？』(田原総一朗(たはらそういちろう)と共著)には《企業が収益を上げ、日本の経済が上向きになったら、必ず庶民にも恩恵が来ますよ》とある。

二〇一八年九月一四日、安倍は「私はトリクルダウンなんて言ったことはない」と完全に開き直った。

■保護主義を否定

ＴＰＰ交渉

安倍は『新しい国へ』でこう述べる。

《一八五八年、日本は日米修好通商条約を締結したあと、イギリス、ロシア、オランダ、フランスと同様の条約を結ぶことになるが、これらはひどい内容であった。来日する外国人はすべて治外法権に等しい権利をもつのにたいして、日本には関税自主権もなかった。（中略）明治の日本人は、この不平等条約を改正するのに大変な苦労をした》

《御承知の通り、自民党は「『聖域なき関税撤廃』を前提にする限り、ＴＰＰ交渉参加に反対」という立場をとっております。なぜなら、あらかじめ「関税ゼロ」であることを呑んでしまっては、守るべきものは守れません》

二〇一二年の自民党マニフェストには《「聖域なき関税撤廃」を前提にする限り、ＴＰＰ交渉参加に反対します》と明記されている。また、ポスターには《ＴＰＰへの交渉参加に反対！》《ウソつかない。ＴＰＰ断固反対。ブレない》とある。

にもかかわらず、安倍はTPP合意を全力で進めていく。

二〇一三年三月一六日、安倍は自民党関係者を前にあいさつし、TPPの交渉参加について、「美しい農村風景を守っていくこと、皆が安心できる皆保険制度をしっかりと守っていくことが私の責任であります。どうか私を信じていただきたい」「あのときの決断は間違いじゃなかったと思ってもらえるよう交渉していくことを約束する」と述べ、重要農産物など例外品目の保護に向けた決意を述べた。

二〇一五年一〇月六日、TPP交渉の大筋合意を受けて安倍は会見を開いた。

「TPPは正に『国家百年の計』であります」

「自由民主党がTPP交渉参加に先立って掲げた国民の皆様とのお約束はしっかりと守ることができた。そのことは明確に申し上げたいと思います」

「関税撤廃の例外をしっかりと確保することができました」

大嘘である。農水省が発表した「関税交渉結果」により、聖域重要五品目のうち三割の関税が削減・撤廃されていたことが発覚。

二〇一六年四月七日、安倍は「私自身は、TPP断固反対と言ったことは一回も、ただの一回もございませんから。まるで私が言ったかのごとくの発言は慎んでいただきたい」

と発言。自民党は民進党が求めていた政府の交渉資料を、特別委の理事懇談会に提出したが、すべて黒塗りで内容はまったくわからない状態だった。

同年一一月四日、衆院で「TPP承認案と関連法案」が自民党、公明党、日本維新の会により強行採決。翌一一日、安倍は「(トランプに)TPP承認を促す」「我が国がTPPを承認すれば、保護主義の蔓延を食い止める力になる」などと言い出した。

国益にかなうなら保護主義を選べばいいし、かなわないならやめればいい。保護主義自体を否定するのは、政治の放棄に等しい。

グローバル市民賞

平成の三〇年間にわたる売国・壊国路線の総仕上げをやったのが安倍政権だった。規制緩和の旗のもと、構造改革により発生する新しい利権を横流しした。国家戦略特区諮問会議のメンバーで、人材派遣最大手パソナグループ取締役会長の竹中平蔵のような人物が、国の中枢に寄生してきたのもその一例だ。

二〇一二年七月一一日、超党派の議員連盟「創生日本」の総会で安倍は「竹中先生の愛国者ぶりは理解していただけたのではないのか」と発言。安倍の行動はすがすがしいほど一貫していた。

世界の動向が十数年遅れで日本に入ってくるのは常だが、八〇年代イギリスのマーガレット・サッチャー政権がインフレ対策として行なった新自由主義路線を、文脈抜きにデフレ下の日本に当てはめ、平成の三〇年をドブにぶち込んだのが自民党だった。

連中には最初から「日本」など眼中にない。いみじくも安倍がウォール街の証券取引所で宣言したように、「国境や国籍にこだわる時代は過ぎ去った」のである。

TPPに参加しないと訴えて選挙をやり、政権をとった途端にTPPに参加することを既定路線のように話し始める。「コメなど重要五項目を聖域として死守する」「デフレ下の（消費税）増税はしない」「米国との関税交渉で譲れる限度はTPP水準まで」「米側もその立場を認めている」……。これらすべてが嘘だった。トランプは農産物関税全廃を要求していた。

安倍は『新しい国へ』でこう述べる。

《はじめて出会う外国人に、「あなたはどちらから来ましたか」と聞かれて、「わたしは地球市民です」と答えて信用されるだろうか。（中略）かれらは、その人間の正体、つまり帰属する国を聞いているのであり、もっといえば、その人間の背負っている歴史と伝統と

文化について尋ねているのである》
ゴーストライターが書いたのだろうが、その通りである。
二〇一六年九月一九日、アメリカのシンクタンク「アトランティック・カウンシル」は安倍に「グローバル市民賞」を授与。安倍は嬉々としてニューヨーク市内で行なわれた授賞式に参加。ニヤけた顔で「私がこの賞を受賞するのは日本人を代表してのものだ」と言い放った。

高齢化社会

安倍は少子高齢化についても基本的なことを理解していなかった。

二〇一六年九月二一日にはニューヨークで金融関係者らを前にして「日本は高齢化しているかもしれません。人口が減少しているかもしれません。しかし、この現状が我々に改革のインセンティブを与えます。日本の人口動態は、逆説的ですが、重荷ではなくボーナスなのです」「日本の人口動態にまったく懸念を持っていない」と発言。意味不明。だったら少子化対策や移民政策の目的は何なのか？

懸念を持たない理由としては、「日本はこの三年で生産年齢人口が三〇〇万人減少したが、名目GDPは成長した」。何を言っているのかさっぱりわからない。

安倍は少子化対策として、「希望出生率一・八の実現を目指し大家族で支え合うことを支援するため祖父母・親・子供の三世代が同居したり近くに住んだりすることを促進するような住宅政策を検討・実施するよう指示」したが、三世代が同居することで、出生率が上がるデータは存在しない。

「東京新聞」(二〇一六年八月一日)によると、三世代同居を進めている先進国は少子化を克服できていない。福井県のように三世代同居が多く、出生率も高い地域もあるが、これは土地が広く、大きな住宅が建てやすい地域性が関連していると思われる。

二〇二〇年の国勢調査を基にしたデータでは、三世代同居率が高いのは山形県や福井県、富山県など。一方で同年の合計特殊出生率が高いのは沖縄県や島根県、宮崎県などで、必ずしも「三世代同居率の高い地域は出生率が高い」とは言えない。

安倍の存在こそが、わが国最大の「重荷」だった。

第四章

幼稚な政治観

■安倍は保守の対極

保守は「イズム」ではない

安倍は自身のウェブサイトで「闘う保守政治家」などと自称していたが、「保守主義」を理解していた形跡はない。安倍と周辺一味は反日のエセ保守である。それを支えてきたのは、新自由主義勢力と政商、カルトの複合体であり、メディアに洗脳されたネトウヨなどの情報弱者である。

本章では、安倍の思想的背景、政治観（そのようなものがあるとしたらだが）について検証していく。

安倍は『新しい国へ』でこう述べる。

《「保守主義」、さらにいえば「開かれた保守主義」がわたしの立場である》

《だからといってわたしは、ことさら大声で「保守主義」を叫ぶつもりはない。わたしにとって保守というのは、イデオロギーではなく、日本および日本人について考える姿勢のことだと思うからだ》

《小さなころから、祖父が「保守反動の権化」だとか「政界の黒幕」とか呼ばれていたのを知っていたし、「お前のじいさんは、A級戦犯の容疑者じゃないか」といわれることもあったので、その反発から、「保守」という言葉に、逆に親近感をおぼえたのかもしれない》

そんな反発で「保守」に親近感をおぼえられても迷惑な話。

安倍の母校である成蹊(せいけい)大学の元学長で国際政治学者の宇野重昭(うのしげあき)は、《彼の保守主義は、本当の保守主義ではない》と言った。

《安倍君は保守主義を主張している。それはそれでいい。ただ、思想史でも勉強してから言うならまだいいが、大学時代、そんな勉強はしていなかった。ましてや経済、財政、金融などは最初から受け付けなかった。卒業論文も枚数が極端に少なかったと記憶している》《安倍君には政治家としての地位が上がれば、もっと幅広い知識や思想を磨いて、反対派の意見を聞き、議論を戦わせて軌道修正すべきところは修正するという柔軟性を持ってほしいと願っている》(野上忠興(のがみただおき)『安倍晋三 沈黙の仮面』)

安倍は「保守がイズムであるかどうかということは、さまざまな議論があるところ」などと言っていたが、もちろん「さまざまな議論」など存在しない。あらゆる思想家が指摘するように、保守主義は思想体系でもイデオロギーでもない。「主義」とついてはいるものの、逆に「主義」を否定する態度のことである。

「人間理性に懐疑的であるのが保守」である。右翼、復古主義、国家主義、排外主義、軍国主義、新自由主義といったものとは一ミリも関係ない。

保守は抽象を警戒し、現実に立脚する。人間は合理的には動かず、社会は矛盾を抱えていて当然だと考える。保守は近代啓蒙思想をそのまま現実社会に組み込むことを否定する。単純な反近代ではなく、近代の不可逆性の構造を熟知した上で、近代理念の暴走を警戒する。

保守が伝統を重視するのは過去を美化するためではなく、合理や理性では捉えきれないものがそこに付随すると考えるからだ。人間の行動には情念や慣習が大きく関与している。人間はゼロから生まれるわけではなくて、環境の中に生まれる。理性的に考えれば、理性により決着できないことのほうが多いことに気づく。合理的に考えれば、合理が通用しない領域があることがわかる。偏見や迷信を理性や合理によって切り捨ててしまうと、同時に大切なものを失ってしまうと保守は感知する。保守は理想を提示しない。逆に理想が凶器になることを繰り返し説く。

よって、保守は漸進主義になる。すべてに適応できる公式を持たないので、ゆっくりと慎重に判断をする。一貫した「イズム」がないのだから当然だ。

新しい国を作る

安倍はすべてにおいて保守の対極にある人物だった。

二〇〇七年二月五日、安倍は国会で「私は、更に構造改革を進めたいと、こう思うわけでありますが、(中略) いよいよ新しい未来を切り開いていくために改革を前進させていかなければならないと、このように決意をいたしておる次第でございます。私どもが進んでいる道は間違いのない道でございます」と述べ、こう続けた。

「村田清風も また吉田松陰も孟子の言葉をよく引用されたわけでありますが、自らかえりみてなおくんば、一千万人といえどもわれゆかんと、この自分がやっていることは間違いないだろうかと、このように何回も自省しながら、間違いないという確信を得たら、これはもう断固として信念を持って前に進んでいく、そのことが今こそ私は求められているのではないかと、このように考えております」

要するに、「自分の意見が正しい」と確信したなら一千万人が反対しても突き進むと。

「景気回復、この道しかない」「この道を。力強く、前へ。」といった安倍政権のスローガンはここから来ているのだろうが、保守主義は「間違いのない道」「この道しかない」という発想を根底的なところで否定する。人間理性を疑い、過信を戒めるからだ。

一方、正しい道を選べば、正しい世の中が実現すると考えるのが左翼である。近代啓蒙思想は理性の拡大の延長線上に理想社会を見出すという発想のもとにある。啓蒙思想とは、理性の光により未開な人間の「蒙を啓く」という運動だ。彼らは理性、理念、合理を愛し、論理的な思考を積み上げていけば「正解」にたどり着くと信じている。そのような「イズム」のもと活動を行なう。

フランス革命は理性を旗印に、合理的に社会を変革しようとした。しかし、社会は複雑であり合理的には動いていない。結果、自由の名のもとに自由が抑圧され、社会正義や人権の名のもとに大量虐殺が行なわれるという事態が発生。これに対して異を唱えたのが保守主義者である。彼らは理念（抽象）ではなくて現実（常識）に立脚していた。

人々が熱狂しているとき、冷静に観察するのが保守の態度だ。未知の出来事が発生したとき、立ち止まって考える。フランス革命ならそれが人類の将来にとってどのような意味を持つのか、それによって得るものは何か、失われるものは何かを考える。暴走したときに人類はそれを制御できるのかと考える。安易に結論を出すのを戒め、現実に即して観察を続ける。保守はわからないことはわからないと認め、断言を避け、自らの理性すら疑う。人間は完全な存在ではないからだ。

それは「間違いのない道」といった発想の対極にある。

人民政府のリーダー

安倍は『新しい国へ』で《わたしが政治家を志したのは、ほかでもない、わたしがこうありたいと願う国をつくるためにこの道を選んだのだ》と語っている。一方、保守主義の代表的思想家マイケル・オークショットは、端的に政治とは己の夢をかなえる手段ではないと言う。

保守思想の理解によれば、《統治者の職務とは、単に、規則を維持するだけのことなのである》。

《この性向の人〔保守〕の理解によれば、統治者の仕事とは、情念に火をつけ、そしてそれが糧とすべき物を新たに与えてやるということではなく、既にあまりにも情熱的になっている人々が行う諸活動の中に、節度を保つという要素を投入することなのであり、抑制し、収縮させ、静めること、そして折り合わせることである。それは、欲求の火を焚くことではなく、その火を消すことである》(「保守的であるということ」)

これは政治の役割を軽んじているのではない。逆だ。世の中にはいろいろな人がいる。彼らが持つ夢も多種多様である。それが暴走したり、衝突するのを制御するのが政治の重要な役割であると考えるからである。

オークショットは《統治は特殊で限定的な活動》であるとも言った。政治は合理的に正解を導き出せるようなものではない。それは複雑な社会に対する実践的な活動として表れる。それはゲームの運行を管理し、プレイヤーにルールを守らせ、トラブルの調停にあたる。問題が発生したときには、法的な制約を課し、被害者を支える。そして大事なことは、規則の修正は《それに服する者達の諸々の活動や信条における変化を常に反映したものでなければならず、決してそうした変化を押し付けることがあってはならない》(同前)。それは全体の調和を破壊してしまうほど大がかりなものであってはならず、単なる仮定の上での事態に対処する目的で行なわれる変革は認めない。

これが西欧の保守思想が到達した政治の理解である。

保守的な統治者は、政治とは「価値ある道具」を修繕しながら調子を維持するようなものと考える。一方、人民政府の「指導者」は、私的な夢、個人的な理想を社会に押し付ける。要するに、保守思想の歴史が否定したのは、安倍のような思い上がった発想である。「わたしがこうありたいと願う国」を作るのが人治国家だとしたら、多種多様な意見を尊重し、たとえ「正しい」と思われることでも早急に物事を進めないのが保守である。

リーダーの夢に依存するのがオークショットが指摘した「できそこないの個人＝大衆」という類型である。西欧近代は「個人」を生み出したが、同時に「できそこないの個人」という性格が派生した。彼らは前近代的な社会的束縛を失い、自由になった反面、不安に支配されるようになった。自分を縛り付けてくれる対象を見つけようとしても、前近代的な共同体は消滅している。彼らには判断の責任を負う気力はない。そこで、自分たちを温かく包み込んでくれる「世界観」、正しい道に導いてくれる強いリーダーを求めた。やがて政治はそのニーズに応えるようになった。

こうして地獄が発生する。

統治者は、諸個人の衝突を裁くレフェリーではなく、「コミュニティー」の道徳的指導者という性格を持つようになる。オークショットは、「個人性の熱望」が生み出した統治の形式を「議会政府」と呼ぶなら、大衆が求めたものは「人民政府」だったと言う。

「夢を語る政治家の何が悪い」と「できそこないの個人」が言ってきたら、オークショットのように答えればいい。

《要するに、「何故、統治者達は、彼ら自身の夢を統治に服する人々に対して押し付けることでなく、現在の見解や活動の多様性を受け容れることの方を選ぶべきなのか」と問われたならば、この性向〔保守〕を有する者は、「何故それではいけないのか」と答えるだけで充分なのである。彼ら統治者達の夢は他の誰の夢と比べても違っているというわけではないし、他人の夢がくどくどと語られるのを聞いていなければならないというのが退屈なことならば、それをもう一度演じさせられるなどというのは、我慢のならないことである。我々は、一つの事に熱狂してしまうような人に対して寛容であり、それは習慣としてそうなのであるが、だからといって、何故、我々は彼らに支配されねばならないのか》(同前)

大衆は必ずしも「無知」ではない。しばしば知識人層の一員であったりする。しかし、「道徳的な弱さ」があるので、政府に大きな権限を与えてしまう。オークショットが指摘するように、彼らは「統治者」と「指導者」を区別することができない。

民主党と自民党は同じ穴の貉

安倍は言う。

《自民党と民主党では、基本的姿勢において大きな違いがあります。端的に言えば、「保守政党」と「革命政党」という違いです。鳩山〔由紀夫〕、菅内閣で顕著だったのは、「国家対市民」「企業対消費者」「経営者対労働組合」という対立構造を前面に出して、自分たちは常に批判する立場の側に身を置くという姿勢です。

発足当初の鳩山内閣が、自らを「革命政権」と位置付けていたことからもわかる通り、彼らの政治姿勢は、世の中を二分し、人々の憎しみを煽り、対立構造をつくって相手を打倒するというもの。給付の話はしても、分配する富をどうやって生み出すかは考えない》

（「ダイヤモンド・オンライン」二〇一二年三月一五日）

しかし、民主党と自民党は同じ穴の貉である。「人々の憎しみを煽り、対立構造をつくって相手を打倒する」という手法は、小泉政権以降、政治の世界に定着している。

新自由主義政策に則り、生活保護の受給者に悪意を向けさせ、生活保護を削減したのも安倍だった。

二〇一七年七月一日、ＪＲ秋葉原駅前で、安倍が演説を始めると、野次が飛んだ。すると、安倍は指さしながら、「こんな人たちに負けるわけにはいかない」と発言。世の中を二分し、人々の憎しみを煽り、身内には飴を与え、批判されれば圧力を加える。法を軽視し、仲間内だけですべてを決める。要するに、安倍とその周辺の連中のメンタリティーは、人民政府のそれだった。

同記事で安倍は続ける。

《私自身は、初めて政治家になったときから「自民党は保守政党だ」と言い続けてきました。しかし残念なことに、自民党自身に自分たちを「保守政党だ」と位置付ける覚悟があったかどうかについては、微妙です。

日本では、「保守」という言葉が「守旧」の同義語として、マイナスイメージで捉えられがちです。そのため自民党が、保守政党としての立場を明確にアピールすることにたじろいできた側面もあるとは思います。結果として、政権を維持するためだけのマシンのような政党になっていた》

《選挙に勝つ目的で便宜的に違いを明確にしようということではなく、こうした理念の下に「こういう国づくりをしたい」「日本をもっと素晴らしい国にしたい」というパッション（情熱）を示すことが必要。今、我々や谷垣（禎一）総裁に求められているのは、まさ

に理屈ではなく情熱だと思います》
すでに述べたように、保守主義の伝統が一貫して唱えてきたのは、政治からパッション（情熱）を排除しなければならないということだ。

一院制

安倍が保守主義の「ほ」の字も理解していなかったことは、一院制を唱えていたことからもわかる。

二〇一一年二月八日、安倍はテレビ番組で「有権者は議会も行政も非生産的だと思っている。衆院と参院を一緒にして一院制にすべきだ」「憲法は改正しないといけないが、そういう大枠について思い切ったことをやっていくということを示す必要がある」と発言。

繰り返すが、人間理性に懐疑的であるのが保守である。人間の判断は万能ではないので、慎重にものごとを決める仕組みが必要になる。権力の集中は必然的に全体主義に行き着く。三権（五権）分立を唱えたフランスの哲学者シャルル＝ルイ・ド・モンテスキューは一院制が地獄への最短の道であることを指摘した。

《権力をもつ者はすべて、それを濫用する傾向があることは、永遠の体験である。彼は限界を見いだすところまで進む。だれが知ろう、徳性さえもが限界を必要とするのだ。人が権力を濫用しえないためには、事物の配列によって、権力が権力を阻止するのでなければならぬ》（『法の精神』）

保守は人間理性を信用していないので権力に対して警戒を怠ることはない。よって、あらゆる保守思想家は、権力の分散を説いてきた。議会主義や三権分立、二院制といった権力を分散させる仕組みを重視する。つまり予め権力の暴走を制御するシステムを構築しておく。

議会を二つに分けるのは民意を背景にした下院の暴走を防ぎ、熟議、合意形成、利害調整の機会を確保するためだ。

イギリスの歴史家・思想家ジョン・アクトンは《権力は腐敗する、専制的権力は徹底的に腐敗する》と言い、フランス革命を否定した。そこでは人民の名のもとに権力が一元化され、恐怖政治を招くこととなったからだ。

イギリスの政治思想家、哲学者のエドマンド・バークは言う。

《人間の本性はこみいっているし、社会のものごとは、可能なかぎり最大の複雑さをもっている。だから、権力の単純な配置や方向づけは、どんなものでも、人間の本質にも人間の関係することがらの性質にも適合しえない。あるあたらしい政治制度において、装置の単純さがめざされ、ほこられるのをきくとき、私はただちに、その製作者たちが、自分のしごとについてまったく無知であるか、自分の義務についてまったく怠慢であるのだときめてしまう。単純な政府は、いくらよくいうとしても、根本的に欠陥がある》(『フランス革命についての省察ほか』)

保守思想は、権力をいかに縛るかという思考のもとに深化してきたが、こうした「常識」が通用しなくなったのが今の日本である。二〇一五年の安保法制騒動の際、「立憲主義を唱えるのは左翼だ」「左翼の憲法学者が言っているだけ」「法匪(ほうひ)だ」などとミジンコ脳の自称保守が騒いでいたが、もちろん、立憲主義は保守思想の根幹である。

左翼とは何か?

保守は自由や平等、人権といった概念を普遍的価値とは捉えない。あらゆる価値は、個別の現実、歴史に付随するものだからだ。権利は人間が歴史的に戦いとったものだと考える。

一方、理性、近代の根幹にある諸価値を信仰するのが左翼である。それは天賦人権論という形を持つ。左翼とは近代主義者のことである。すでに述べたように、彼らは理性を働かせ、合理的に判断すれば「正解」にたどり着くと信じている。正しい歴史（進歩史観）、正義が存在するなら、それを実現させるためには強大な中央権力が必要になる。

こうした理屈を利用し、マクシミリアン・ロベスピエール、ヨシフ・スターリン、毛沢東といった全体主義勢力は権力を一元化してきた。ポル・ポトは社会を合理的に設計し、農民を土地から切り離した。

私は安倍が暴走した責任の一端は左翼の思考停止にもあると思う。

一部左翼は「安倍は危険な国家主義者で、戦前回帰をもくろむ軍国主義者で、排外主義者で、極右で、保守反動だ」と決めつけて騒いできた。しかしこれまで説明してきたとおり、安倍は国家主義者どころか新自由主義勢力の先兵として一貫して国家の解体を続けてきた。そもそも、ナショナリストが「もはや国境や国籍にこだわる時代は過ぎ去りました」などと言うわけがない。一部左翼は「ナショナリズムが高揚している」と言いたがるが、安倍政権下で進行したのは国民の分断、ナショナリズムの衰退である。

安倍の発言を見る限り、過去を美化するための前提となる歴史観すら存在しない。それ以前に歴史を知らない。周辺や支持母体にエセ右翼やカルトがいるので、定期的にリップサービスを行なっていただけだ。

ジャーナリストの上丸洋一が『「諸君!」「正論」の研究——保守言論はどう変容してきたか』で指摘するように、安倍の歴史観は自称保守系月刊誌などから適当にトピックをチェリーピッキングしたものにすぎない。

安倍は戦前どころか、戦後の無責任な「空気」をそのまま体現した人物だったと思う。「戦後レジームからの脱却」などと駄ボラを吹きながら、「戦後レジームの固定化」を進め、アメリカの要望通りに国の形を作り変えてきた。安倍と周辺一味がやってきたのは、権力の集中により政治を私物化し、アメリカや財界、関連カルトに国を売り渡すことだった。

批判は的を射ていなければ意味がない。それどころか頓珍漢な批判は問題の本質を覆い隠す。対象をステレオタイプ、紋切型、既成のテンプレートに嵌め込めば、そこで思考は停止する。そういう意味において、一部左翼の安倍批判が機能していたとは言い難い。

安保法制問題のときもそうだった。安保法制の本質は、時の政権がルールを都合よく変えたということだ。国家の法秩序の連続性が攻撃されたのである。

しかし、当時、左翼の多くは、集団的自衛権の行使の是非に問題を矮小化し、「戦争反対」「九条を守れ」などと本質からずれたことを言っていた。こうして、花畑左翼と自称保守は共犯関係になった。思考停止に思考停止が重なり、国は大きく傾き始めた。

■究極の無責任男

私の責任

安倍は口を開けば「私の責任」と繰り返した。「私は、これまでも、『政治は結果責任だ』と申し上げてきた。その責任から逃れるつもりは毛頭ない」（二〇二〇年二月二九日）。

そして生涯一度も責任を取ることはなかった。

二〇〇六年九月、第一次安倍政権が発足。

同年一二月二八日、規制改革担当相の佐田玄一郎（さたげんいちろう）が、虚偽の政治資金収支報告書を提出していた件で辞任。

二〇〇七年三月七日、農林水産相の松岡利勝（まつおかとしかつ）が、議員会館では無料の光熱水費を五年間で二八八〇万円計上していたことが発覚。その後、五月二八日に赤坂議員宿舎で首吊り自殺。

同年六月三〇日、防衛相の久間章生が、「戦争を終結させるためには（原爆投下は）しょうがない」と発言し、七月三日に辞任。

同年七月七日、農林水産相の赤城徳彦の政治団体が、事務所としての実体がない実家に約九〇〇〇万円の経費を支出。八月一日、辞任。

同年九月三日、補助金不正受給の問題で、農林水産相の遠藤武彦が辞任。

同年九月一二日、安倍はいきなり政権を放り出す。その理由については「テロ対策特別措置法の延長困難」「党首討論を断られたから」「体調不良」などと二転三転した。

正常な人間なら、「お仲間だけ集めたらまずい」と反省するのだろうが、安倍に学習能力はなかった。

二〇一二年一二月二六日、第二次安倍政権が発足。

「任命責任は私にある」と繰り返しながら、さらに暴走を続けた。

二〇一四年一〇月二〇日、法相の松島みどりが公職選挙法違反の疑いにより辞任。

同日、経済産業相の小渕優子が政治資金規正法違反の疑いにより辞任。

二〇一五年二月二三日、農林水産相の西川公也が政治献金問題で辞任。

二〇一六年一月二八日、内閣府特命担当相（経済財政政策）の甘利明が、金銭授受疑惑で辞任。

二〇一七年四月二五日、復興担当相の今村雅弘が東日本大震災に関し「東北で良かった」と発言し翌日辞任。

二〇一七年七月二八日、防衛相の稲田朋美が、南スーダンPKO日報隠蔽問題で辞任。

二〇一九年四月一〇日、五輪相の桜田義孝が東日本大震災の被災者を傷つける発言をしたとして辞任。

二〇一九年一〇月三一日、法相の河井克行が公職選挙法違反の疑いで辞任。

なお、二〇一三年五月五日、安倍はスマートフォン用アプリ「LINE」で寄せられた子供たちからの質問に対し、「総理大臣になるための近道はありません。友達をたくさんつくることが一歩だと思います」と答えている。

「責任」という概念

閣僚が辞任するたびに安倍はバカの一つ覚えのように「任命責任は私にある」と繰り返した。毎日新聞の記事（二〇一九年一一月四日）によると「責任は私に」という発言は、三三の本会議・委員会で四九回に上る。

そもそも安倍が「責任」という概念を理解していたのか不明。

二〇〇六年一二月一二日、テレビ番組で「首相にとって今年の一文字は？」と質問された安倍は「今年は私にとっては、『変化』の年でしたね」と答えている。困った記者がもう一度「一文字にしたら？」と訊くと、「『責任』ですかね」。「責任」が一文字か二文字かすら理解していない。

「責任政党として約束することは必ず実行する、できることを約束していく政党であらねばならない」と言った直後に公約違反がばれると「これまでのお約束と異なる新しい判断」と言ってごまかす。

「私たちは大きな責任を持っている」「未来への責任を果たしていく。これが新たな内閣の最大の使命であります」と言いながら、責任を完全に放棄する。

「拉致被害者を自分の責任で取り戻す」と言ったかと思えば、「拉致問題を解決できるのは安倍政権だけだと私が言ったことはない」とニヤける。

二〇一九年一〇月三一日、先述の河井克行が法相を辞めると、安倍は「国民の皆様の信頼を回復して、しっかりと行政を前に進めていくこと、そのことにおいて責任を果たしていきたいと思っています」と発言。反省して引き返すどころか、「前に進める」と言うのだから意味がわからない。第七章で述べるが、広島で発生した大規模買収事件はそもそも「安倍案件」である。

要するに、閣僚が辞めたら「責任は私に」と言えばいいと機械的に覚えているだけ。

二〇二〇年四月七日、新型コロナウイルスの感染拡大対策について、外国人記者から「失敗だったらどういうふうに責任をとりますか?」と問われた安倍は、「これは例えば最悪の事態になったとき、私が責任を取ればいいというものではありません」と言い放った。

カルトはカルトを呼ぶ

類は友を呼ぶ。安倍は周辺を自分と同レベルの人間で固めてきた。きちんと諭してくれる人間は遠ざけ、仲間内で権力の私物化を図った。

二〇二〇年九月二五日、自民党の杉田水脈が、党の会議で女性への暴力や性犯罪に関して、「女性はいくらでも嘘をつけますから」と虚偽の被害申告があるような発言をした。会議後杉田は「そんなことは言っていない」と発言を否定し、ブログでは性暴力被害者のための「ワンストップ支援センター」について無知と偏見に基づいた感想を述べ、《新規事業として民間委託を拡充することだけでは、女性の人権を守り、暴力問題の解決をのぞむ世論と乖離するのではないでしょうか、という趣旨の意見を申し上げました》と完全に開き直った。しかし参加者や関係者の証言もあり、逃げ切ることはできず、最終的にブログで《事実と違っていた》と嘘を認めて謝罪した。

二〇一六年七月四日、杉田は保育所の待機児童問題などに関して、「産経新聞」のサイトの自身のコラムで《子供を家庭から引き離し、保育所などの施設で洗脳教育をする。旧ソ連が共産主義体制の中で取り組み、失敗したモデルを二一世紀の日本で実践しようとしているわけです》《旧ソ連崩壊後、弱体化したと思われていたコミンテルンは息を吹き返しつつあります。その活動の温床になっているのが日本であり、彼らの一番のターゲットが日本なのです》と述べていたが、二〇二二年一一月三〇日の国会で「事実として確認できず、不用意な発言だった」として撤回した。「事実として確認」できないことを書く人間を一般にデマゴーグという。それを掲載した「産経新聞」も常軌を逸している。

杉田の差別発言は枚挙にいとまがない。ブログでは《国連の会議室では小汚い格好に加え、チマチョゴリやアイヌの民族衣装のコスプレおばさんまで登場。完全に品格に問題がありますす》《とにかく、同じ空気を吸っているだけでも気分が悪くなるくらい気持ち悪く、国連を出る頃には身体に変調をきたすほどでした》《ハッキリ言います。彼らは、存在だけで日本国の恥晒しです》と述べていた。

日本国の恥晒しは杉田である。平気な顔で嘘をつき、嘘に嘘を重ねるこの人間のクズを再び政界に呼び込み、比例単独候補に押し込んだのが安倍である。

ジャーナリストの櫻井よしこは、ネット番組「言論テレビ」で《安倍さんがやっぱりね、「杉田さんは素晴らしい！」って言うので、萩生田〔光一〕さんが一生懸命になってお誘いして、もうちゃんと話をして、〔杉田は〕「自民党、このしっかりした政党から出たい」と》と語っている。

杉田という最底辺のネトウヨレベルの人物を比例上位に押し込んだバカが、七年八ヵ月も総理大臣をやっていたのだから、国が傾くのも当然だ。

第五章

嘘・デマの数々

■生涯を貫いた虚言癖

外交の場でも嘘をつく

二〇一九年二月一三日、安倍は国会で「私が嘘を言うわけがないじゃないですか」と発言。その発言自体が嘘である。

安倍は子供のときから嘘つきだったという。安倍が小学生の頃、宿題の面倒を見ていた養育係の久保(くぼ)ウメが証言する。

《「宿題みんな済んだね?」と聞くと、晋ちゃんは「うん、済んだ」と言う。寝たあとに確かめると、ノートは真っ白。それでも次の日は「行ってきまーす」と元気よく家を出ます。それが安倍晋三でした》(『安倍晋三 沈黙の仮面』)。

嘘がバレて、学校側からノート一冊を全部埋めて一週間で提出するようにと罰が出ても、ウメが宿題をやっていた。

安倍の虚言癖は生涯治らなかった。なお、同書によると、安倍は中学生になっても、夜、ウメに起こしてもらい、おしっこに行っていた。そして自分の部屋に寝かしつけられると、ウメの部屋に行き、彼女の布団にもぐりこんだという。結局、そのまま大人になってしまったのだろう。

SNS上では「安倍晋三が国会でついた嘘は一一八回」などとツイートしている人がいるが、ミスリードである。これは「桜を見る会」の前夜祭に関連して二〇一九年一一月～二〇二〇年三月についた嘘の数（衆院調査局調べ）にすぎない。要するに氷山の一角。安倍の嘘は膨大にある。

安倍の最大の特徴は、すぐにバレる嘘を平気な顔でつくことだ。嘘がバレれても嘘を重ねてごまかすか、現実のほうを修正する。その結果、周辺にデマゴーグの類が集まってきた。

安倍は外交の場でも嘘をついている。

二〇一六年五月二六～二七日、第四二回先進国首脳会議（G7伊勢志摩（いせしま）サミット）が三重県で行なわれた。このサミットで安倍は、世界の経済状況が二〇〇八年のリーマン・ショック直前と似ていると繰り返し、終了後の記者会見では「今回のサミットで、世界経済は大きなリスクに直面しているという認識については一致することができた」と発言。

大嘘である。

ドイツ首相のアンゲラ・メルケルは「世界経済は、そこそこ安定した成長を維持している」、イギリス首相のデイヴィッド・キャメロンは「危機、クライシスとまで言うのはいかがなものか」、仏紙「ル・モンド」は「安倍晋三の無根拠なお騒がせ発言がG7を仰天させた」と切り捨てた。その後、安倍は「私がリーマン・ショック前の状況に似ているとの認識を示したとの報道があるが、まったくの誤りである」と言い出した（「ロイター」二〇一六年五月三〇日）。こうして嘘に嘘を重ねていく。

沖縄県沖で米軍嘉手納基地所属のF15戦闘機が墜落。二〇一八年六月一一五日、安倍は国会で「（政府が飛行）中止を申し出た」と述べたが、これも真っ赤な嘘だった。

その場しのぎの嘘

第一次安倍政権崩壊のきっかけは「消えた年金問題」だった。安倍は当時、「最後の一人までチェックして正しい年金をきちんとお支払いをします」と言ったが、いつも通りの嘘だった。いまだに一七七三万件の記録がうやむやになっている（二〇二二年三月時点）。

二〇一四年一二月一四日、テレビ番組でジャーナリストから「今回の選挙でアベノミクスはずいぶん訴えたが、集団的自衛権の憲法解釈をあまりおっしゃらなかった」と指摘されると、安倍は「そんなことはありません。街頭演説は限られている時間の中でも、私は七～八割は安全保障について話をしているはずですよ」と反論。しかし、朝日新聞が調べたところ、全国七四ヵ所の演説の中で、安全保障政策に触れたのは三一回、さらに、集団的自衛権という言葉を使ったのは一三回にすぎなかった。

二〇一五年八月二一日、参院特別委員会で民主党参院議員の蓮舫が他国軍を後方支援できる「重要影響事態」がどのようなケースになるのか質問。防衛相の中谷元が武力行使の一体化に関する大森政輔元内閣法制局長官の「大森四原則」と、周辺事態を例示した野呂田芳成元防衛庁長官の「野呂田六類型」を混同して答弁したため、蓮舫がそれを指摘すると、安倍は「まあいいじゃん、そんなこと」とヤジを飛ばした。

蓮舫が「どうでもいいとはどういうことか」と反発すると、安倍は「私は『どうでもいい』などといったわけではない」と発言。委員長の鴻池祥肇が安倍に対し、自席での発言は控えるよう注意すると、安倍は「いずれにしましても発言を撤回する」。言っていないのなら、なぜ撤回するのか。

二〇一六年六月二四日、テレビ番組の党首討論で、参院議員の山本太郎が「安倍総理もですね、たとえば、ガリガリ君というアイスクリームであったりとか、そういうものもそこ（政治活動費）で支出をしている」と追及。すると安倍は逆切れし「全然知らない」「そんなもの政治資金で買いませんよ！」と声を荒らげた。しかし、領収書は公開されていた。安倍の大好物のジュース「なっちゃん」を手に入れる資金も、安倍の資金管理団体「晋和会（しんわかい）」が拠出していた。

その場をしのぐために次々と嘘をつくので、発言の一貫性もない。妄想と現実の区別もついていない。

「私の世代が何をなし得るかと考えれば、自衛隊を合憲化することが使命ではないかと思う」（「読売新聞」二〇一七年五月三日）と言っておきながら、「（自衛隊を）合憲化するということを私は申し上げたことはありません」（二〇一八年二月二三日）。

「国際公約でもある財政健全化に向け、中期財政計画を早期に策定するなど、経済成長と財政健全化の両立を目指してまいります」（二〇一三年六月二四日）と言っておきながら、「私は（財政健全化を）国際公約と言ったことはないんです」（二〇一七年九月二五日）。

「民主党政権は悪夢だった。間違いなく」（二〇一九年二月の衆院予算委員会など）と言っておきながら、「国会答弁で悪夢のような民主党と答えたことはない」（二〇二〇年三月二三日）。

安倍の兄貴分にあたる亀井静香は《(安倍は)いまは夢の中にいる》(『安倍「壊憲」政権に異議あり』)と言っていたが、そんな人間に政治をやらせた結果が、今の日本の惨状である。

二〇一五年二月一九日、農林水産相の西川公也への献金問題を追及していた民主党の玉木雄一郎に対し、安倍はいきなり「日教組!」「日教組どうするの日教組!」とヤジを飛ばした。翌日、安倍はヤジを飛ばした理由について「日教組は補助金をもらっている」「(日教組の本部がある)日本教育会館から献金をもらっている議員が民主党にいる」と説明。しかし、日教組は補助金を受けていなかったし、教育会館から献金を受けた民主党議員もいなかった。

安倍は職業的デマゴーグだった

安倍の嘘は続く。

二〇一七年一月三〇日、改憲案に関する質問に対し、「どのような条文をどう変えていくかということについて、私の考えは(国会審議の場で)述べていないはずであります」と答弁。しかし二〇一三年二月八日、国会で「三分の一をちょっと超える国会議員が反対をすれば、指一本触れることができないということはおかしいだろうというのは常識でありま す。まずここから変えていくべきではないかというのが私の考え方だ」と憲法の個別の条文改正について述べていた。

二〇一七年五月九日、国会で「採択されている多くの教科書で、自衛隊が違憲であるという記述がある」と発言したがデマだった。文科省教科書課は「違憲であると断定的に書いている教科書はない」と否定。

二〇一八年三月二六日、国会で「また、妻（昭恵）が名誉校長を務めているところはあまたの数あるわけだが、それそのものが、今まで行政等に影響を及ぼしたことはない」と発言したが嘘だった。結局、森友学園と加計学園の二つしかなかった。

二〇一九年一月六日、NHKの「日曜討論」で名護市辺野古の埋め立てについて「土砂投入に当たって、あそこ（埋め立て区域2―1）のサンゴは移している」「絶滅危惧種が砂浜に存在していたが、砂をさらって別の浜に移していくという環境の負担をなるべく抑える努力もしながら行なっている」と発言したが嘘だった。沖縄県知事の玉城デニーは《安倍総理…。それは誰からのレクチャーでしょうか。現実はそうなっておりません。だから私たちは問題を提起しているのです》とツイート。安倍の説明はすべてデマ。単に多くのサンゴが生息し、ジュゴンもすむ海草藻場（かいそうもば）に、問答無用で土砂をぶち込んだだけの話だった。「琉球新報」は社説で《一国の首相が自らフェイク（うそ）の発信者となることは許されない》と批判した。

二〇一九年一二月九日、「最近の世論調査においても、〔憲法改正の〕議論を行なうべきという回答が多数を占めています」と発言したがデマだった。直近（二〇一九年五月）の朝日新聞の全国世論調査では安倍政権下の憲法改正に「反対」は五二％、「賛成」は三六％、また、改憲機運「高まっていない」は七二％だった。

二〇二〇年一一月二〇日、桜を見る会前夜祭に関し、「後援会としての収入、支出は一切なく、事務所側が補塡したという事実もまったくない」と発言。結局この嘘もバレた。

安倍は職業的デマゴーグだった。これは批判ではない。客観的事実である。

■東京五輪と東日本大震災

原発事故と不作為の罪

二〇一一年三月一一日、東日本大震災による津波に襲われた東京電力福島第一原子力発電所で全電源喪失事態が発生。炉心溶融（メルトダウン）により大量の放射性物質が漏洩（ろうえい）した。

二〇一三年九月七日、ブエノスアイレスで開かれた国際オリンピック委員会（IOC）総会で東京が二〇二〇年オリンピックの開催都市に選ばれた。安倍は、招致の最終プレゼンテーションで、福島第一原発について「フクシマについて、お案じの向きには、私から保証をいたします。状況は、統御（アンダーコントロール）されています。東京には、いかなる悪影響にしろ、これまで及ぼしたことはなく、今後とも、及ぼすことはありません」と発言。原発の汚染水については「影響は、福島第一原発の港湾内の〇・三平方キロメートル範囲内の中で完全にブロックされている」と大嘘をついた。

同月九日には、東京電力が「完全にブロック」発言を事実上否定。一八日には、汚染水中の放射性物質が過去一年八ヵ月にわたり周辺の地中や港湾外の海に流出していた可能性があると発表した。

状況は制御されていなかった。

同年八月一九日には貯蔵タンクから約三〇〇トンの汚染水が漏洩。一〇月二日には、高濃度の汚染水が外洋に流れている。これは「〇・三平方キロメートル」の範囲外だ。

同年一〇月三日、官房長官の菅義偉は「実際に漏れているわけですから、対応策が十分だったとは思っていません」と発言。

その後、安倍の発言は支離滅裂に。

同年一一月二三日、国会で「その認識のずれ」はどこから来ているのかと指摘されると、安倍は「気持ちにおいて、私はまったくずれていないと思う。私は行政の最高責任者として、状況を把握していて、それに対する対処を行なっているということで申し上げたわけであります」と答弁。「対処を行なっていること」が「アンダーコントロール」なら、爆発しようが「統御されている」ことになる。バカの極み。

地震や津波の危険性はすでに国会で指摘されていた。

二〇〇六年一二月一三日、共産党衆院議員の吉井英勝（よしいひでかつ）が「巨大地震の発生に伴う安全機能の喪失など原発の危険から国民の安全を守ることに関する質問主意書」を政府に提出。原発が地震や津波で冷却機能を失う可能性があるといった指摘に対し、同月二二日、安倍は答弁書で「我が国において運転中の五十五の原子炉施設のうち、非常用ディーゼル発電機を二台有するものは三十三であるが、我が国の原子炉施設においては、外部電源に接続される回線、非常用ディーゼル発電機及び蓄電池がそれぞれ複数設けられている。また、我が国の原子炉施設は、〔スウェーデンで事故のあった〕フォルスマルク発電所一号炉とは異なる設計となっていることなどから、同発電所一号炉の事案と同様の事態が発生するとは考えられない」と答えた。

「不作為の罪」とはまさにこのことだ。

五輪の政治利用

東日本大震災から一〇年を迎え、二〇二一年二月二六日、安倍は時事通信のインタビューに答え、復興に向けて「一定の役割を果たせた」と自画自賛。

《民主党は政権運営に十分慣れておらず、菅直人首相は原子力緊急事態宣言を直ちに出すべきだったのに遅れた。現場の要望を聞くネットワークもなく、行政を動かす能力に欠けていたと言わざるを得ない》と語ったが、盗人猛々しい(ぬすっとたけだけしい)とはこのことだ。先述したように、安全対策を放置してきたのは自民党である。

安倍は嘘とデタラメの「安全神話」を垂れ流し、国民を欺き(あざむき)、被災者を帰還困難に追い込んだ。

嘘とデマにより招致した東京五輪については「人類が新型コロナウイルスに打ち勝った

証として開催できれば、五輪の歴史に残る大会となる」と発言。

　二〇一七年一月二三日、安倍は国会で共謀罪について「三年後に差し迫った東京オリンピック・パラリンピックを開催するためにはテロを含む組織犯罪を未然に防止し、これと戦うための国際協力を可能にするこの条約を締結することは必要不可欠であります」「条約の国内担保法を整備し、本条約を整備することができなければ、東京オリンピック・パラリンピックをできないと言っても過言ではありません」と発言。しかし、テロ対策の名目のもと、権力が暴走する可能性があることが問題なのである。

　そもそもオリンピック招致演説で「世界有数の安全な都市、東京」と言っていたのはどこのどいつなのか。安倍は「ほかの、どんな競技場とも似ていない真新しいスタジアムから、確かな財源措置に至るまで、二〇二〇年東京大会は、その確実な実行が、確証されたものになります」と発言。しかし、当初の予算（七三〇〇億円程度）は、最終的に一兆四二三八億円に。しかも、カネの内訳は不透明で、本来計上すべき関連経費も含まれていなかった。新国立競技場建設案の白紙撤回に関しては、六八億六〇〇〇万円が未回収に。安倍のいう「確証」にはなんの根拠もない。

　しまいには、オリンピック開催により新型コロナの感染拡大を危惧する人たちに対し、安倍は「反日」と言い出した。

《歴史認識などで一部から反日的ではないかと批判されている人たちが、今回の〔五輪〕開催に強く反対している》《彼ら〔野党〕は、日本でオリンピックが成功することに不快感を持っているのではないか》（「Ｈａｎａｄａ」二〇二一年八月号）

日本国民の七～八割が開催に反対していた中、日本人の命を守ろうと声を上げる人々を反日と決めつける。愚かにも程がある。東京五輪はわが国の精神的腐敗と凋落(ちょうらく)の象徴そのものだった。

昭恵の暴露

安倍昭恵といえば、奔放な性格で有名である。そして家庭内の話もいろいろ漏らしてくれる。「ＵＺＵ」という居酒屋を昭恵が開いたときは、安倍は開店に反対していたが、そのうち「政界引退後はＵＺＵのオーナーになりたい」と口走るようになったという。

《ただ主人は、ずっと政治家を続けていくつもりは、ひょっとしたらないのかもしれませんね。「〔政治家を〕辞めたらどこに住むか」なんて話し合ったとき「じゃあＵＺＵをやろうかな」といわれました。私は「ここは結構です。私がやっているんだから。来たことも

ないのに余計な口出しはしないでね」と言い返しました》（「産経ニュース」二〇一五年八月四日）

昭恵は安倍に内緒で居酒屋を開く準備をしたという。小さな店を開こうと思ったことは過去に数度あったが、安倍は「そんなのうまくいくわけないじゃないか！」と反対したという。結局、安倍は自分で道を切り開くことができない人間なのだ。

安倍夫婦はスピリチュアル系でもある。

「日本の精神性が世界をリードしていかないと地球が終わる」（「BLOGOS」二〇一六年一一月九日）という記事で昭恵は、《なぜあれ〔麻〕をずっと使っているかって、それなりに「波動の高い植物」だからだと、私は思うんです》《主人自身も特別な宗教があるわけじゃないんですけど、毎晩声を上げて、祈る言葉を唱えているような人なんですね》。

毎晩声を上げて、祈る言葉を唱えているのは、どう考えても「特別な宗教」だろう。

昭恵によると、安倍はヤクザ映画が大好きで《主人は、政治家にならなければ、映画監督になりたかったという人なんです。映像のなかの主人公をイメージして、自分だったらこうするっていうのを、いつも考えているんです。だから私は、主人は安倍晋三という日本国の総理大臣を、ある意味で演じているところがあるのかなと思っています》（「AER

A」二〇一六年四月一一日号)。

二〇一〇年四月、安倍はラジオ番組で政界引退後は映画監督になりたいと発言。「撮るとしたらヤクザ映画ですかね。『仁義なき戦い』をさらにドキュメンタリータッチにして、それと『ゴッドファーザー』を足して二で割ったものとかね」

安倍は現実世界の政治の場でそれをやっていたわけである。

第六章

バカ発言

■究極の無能

「訂正でんでんとの指摘は当たらない」

私は一国の総理大臣にまで上りつめた人間に対し「バカ」という言葉を使うのは控えるべきだと思っている。にもかかわらず、安倍という人物を表現するのに最も適した言葉は「バカ」であると言わざるを得ない。

本章では安倍のバカ発言の数々を振り返る。

二〇一六年一月四日、年頭記者会見で物価について「デフレではないという状況を作り出すことができた」と述べた上で、「デフレ脱却というところまで来ていないのも事実」と発言。

二〇一七年一月二〇日、国会で施政方針演説を行ない、「批判に明け暮れ、国会でプラカードを掲げても何も生まれない」と野党を批判。同月二四日、この発言に対し、参院本会議で民進党の蓮舫が、「われわれが批判に明け暮れているという言い方は訂正してほしい」と迫ると、安倍は「民進党の皆さんだとは一言も言っていない。訂正でんでんとの指摘は当たらない」とドヤ顔で反論した。

「云々」を「でんでん」と読んでいたわけで、要するに日本語に対する愛がない。

バラク・オバマ大統領の広島訪問の際には「原爆でたくさんのシイの方が亡くなった」。何かと思ったら「市井（しせい）」だった。

「すべからく」は「すべて」の意味で誤用する。二〇〇七年一月九日、「これは、すべからく隊員諸官や諸先輩の長期間にわたる国防という高貴な使命に捧げた努力の賜（たまもの）であります」と発言。二〇一五年二月四日には「日本人の命、すべからく、国の最高責任者である私にあります」。

内容も意味不明だが、日本語自体が崩壊している。「すべからく」は漢字では「須く」と書き、下に「べし」を伴って、ある事をぜひともしなければならないという気持ちを表す。「学生はすべからく学問を本分とすべきである」というように。要するに、本来の意味である「当然、ぜひとも」ではなく、「すべて、皆」という意味で誤用しているバカが、頭の悪さを補おうとして、知らない言葉を使い墓穴を掘ったわけだ。

安倍は証人喚問が何をする場なのかすら理解していなかった。二〇一七年三月二三日、国会で「証人喚問は刑事罰に問われるような人間が呼ばれる場」と発言。

二〇一八年三月一九日、森友学園への国有地売却問題に関する参院予算委員会の集中審議で、「決裁文書書き換えは、自身と妻がこの問題に関与していれば首相も国会議員も辞めるとの首相発言がきっかけでは」と問われると、安倍は「私の発言がきっかけとの仮説が事実なら、すべての削除された箇所に妻の記述がなければならない」と答弁。完全に意味不明なので、批判することも反論することもできない。まさにイギリスの作家ジョージ・オーウェルが『一九八四年』で描いた「言葉の破壊により思考が不可能になる世界」である。

二〇一八年九月一七日、テレビ番組に出演した安倍は、加計学園理事長の加計孝太郎（こうたろう）とゴルフや会食を重ねていたことについて、キャスターの星浩（ほしひろし）から「学生時代の友達でも、金融庁幹部とメガバンクの頭取はゴルフをしてはいけない（だろう）」と追及されると、「星さん、ゴルフに偏見を持っておられると思う。いまオリンピックの種目になっている。ゴルフが駄目で、テニスはいいのか、将棋はいいのか」と発言。

二〇二〇年一月二八日、桜を見る会事件に関し、観光ツアーへの参加を募る文書が地元有権者に送られていた件について「幅広く募っているという認識だった。募集しているという認識ではなかった」と国会で発言。ごくシンプルなバカである。

私は立法府の長

安倍は『新しい国へ』でこう述べる。

《なんといっても、喫緊の課題は学力の向上である》《そのためには、学習指導要領を見直して、とくに国語・算数・理科の基礎学力を徹底させる必要がある》《モラルの回復には時間がかかる》

ツッコミ待ちなのか自虐ネタなのか。

基礎学力もモラルの欠片もないデマゴーグは、どこのどいつなのか。

二〇一三年三月二九日、国会で「人を指さすのはやめた方がいいですよ、これは人としての初歩ですから」と発言。安倍は国会で野党議員を指さし、ニュース番組ではキャスターの岸井成格（きしいしげただ）を至近距離から指さしていた。

二〇一六年五月一六日、国会で民進党の山尾志桜里（やまおしおり）を「勉強不足」と決めつけた上で、「議会の運営について少し勉強していただいた方がいい」「議会についてはですね、私は立法府、立法府の長であります」と発言。翌一七日にも「立法府の私」と繰り返した。もちろん立法府の長は衆院と参院の議長であり、総理大臣は「行政府の長」である。「勉強していただいた方がいい」のは安倍である。

この安倍の発言について、「言い間違い」だと自民党側は主張したが、過去にも同じ間違いをしているので三権分立を理解していないことは明らかだ。安倍は少なくとも国会で四回「立法府の長」と発言している。つまり、自分の役職も権限も知らずに、政治家をやっていたわけだ。

二〇一六年五月一三日、国会で「立法府の長」発言について「もしかしたら言い間違えていたかもしれない。基本的には行政府の長とお答えしている」と釈明。「もしかしたら」「基本的には」というのも意味不明。基本的ではないケースは存在するのか。さらにこの発言は国会議事録で「行政府の長」に修正されていた。

二〇一七年三月一九日、「一部の人だけに富が集まる、あるいは無法者が得をする状態をつくってはなりません」と発言。

二〇一八年四月四日、新人官僚約七五〇人を前に「国民の信頼を得、負託に応えるべく、高い倫理観のもと、細心の心持ちで仕事に臨んでほしい」と訓示を述べた。恥知らずにも程がある。官僚が「高い倫理観」を持ったら困るのは自分だろう。

二〇二二年三月一九日、近畿大学の卒業式にゲストとして登場し、「これからの長い人生、失敗はつきもの。何回も失敗するかもしれない。大切なことはそこから立ち上がること。そして失敗から学べれば、もっとすばらしい」と発言。失敗から何も学ばなかったのが安倍の人生である。

「ジューシー」発言

安倍の特徴は極度に語彙が少ないことだった。視察先やイベント会場などで地方の特産品のフルーツを食べたときの感想は必ず「ジューシー」である。桃を食べたときの感想は「甘くてジューシーだ」。メロンを食べたときの感想は「甘くてとてもジューシーだ」。種なしブドウ「シャインマスカット」を食べたときの感想は「ジューシーですね。おいしい」。柿を食べたときの感想は「ジューシーで」。

果物だけではない。キュウリを食べても「みずみずしくて、ジューシー」。トマトを食べても「とてもおいしい。ジューシーで」。ブランド和牛「葉山牛」のローストビーフとビーフジャーキーを食べても「非常にジューシーだ」。この頃から、「ジューシー安倍」というあだ名が広まったという。

テレビ番組では「ブレずにジューシーと言う人」として紹介され、自民党のネット番組「カフェスタ」で安倍は「割とジューシーなものは何でも好きですね」と発言（二〇一八年九月）。

語彙が極度に少ないということは、世界の捉え方も表層的だったのではないか。政治観、歴史観、憲法観、すべてが薄っぺらいのは、語彙の貧困と直接つながっている。結局安倍は、日本という国と折り合いがつかなかったのだと思う。だから伝統や文化を拒絶する。食事のマナーも幼児レベルだった。

箸をきちんと持つことができないし、犬食いで、迎え舌。「犬食い」とは「犬のように食事する」形態を指す。前屈姿勢で顔のほうを器に近づけていく。「迎え舌」とは食事の際、口を開け、舌を出して食べ物を迎えに行くマナー違反のこと。

ネットで「犬食い」「迎え舌」と検索すると、安倍の写真が上のほうに出てくる。つまり、安倍は食事マナーが最悪な人間の代表として、一般に認知されているわけだ。こうした人間が世界中を飛び歩き、食事会に招かれていたことを考えると、背筋が凍りつく。

マナー違反のオンパレード

安倍の不作法は常軌を逸していた。下品というレベルではない。そのまま食事の作法の教科書の実例に使えるようなマナー違反のオンパレード。茶碗の持ち方もデタラメ。幼児でもう少しまともに食事ができる。マナーなどどうでもいいと思っていたのだろう。

安倍信者は「箸の使い方などどうでもいい」「そんなことでしか批判できないのか」と言うが、政治家に求められるのは品位である。国の文化や伝統に責任を負っているからだ。

たとえばフランス大統領がナイフについたソースをペロペロと舐めたら、普通は「あれ？」と思うだろう。

二〇一三年、「和食：日本人の伝統的な食文化」が、ユネスコの無形文化遺産として登録された際、内閣広報室は「This is "Washoku," traditional dietary cultures of the Japanese!」という動画をつくり、世界に向けて和食の魅力を発信した。

約五分の動画には「自国の文化を知ることが真の国際人につながる」「自国の文化や伝統に誇りを持て」「歴史や伝統の上に立って私たちの誇りを守っていくことも私の仕事だ」と主張する安倍が登場。

《盛り付け方や食べ方までひとつひとつの所作、全体としての調和を重んじる姿勢、お正月をはじめ、季節ごとの行事に合わせて家族や親類、仲間で集い、特別な食事を楽しむ習慣、こうした長い歴史の中で育まれ、受け継がれてきた慣習、食文化にはまさに私たち日本人の心が、すべて詰まっているとも言えます。そして今回のユネスコの登録が世界の

人々に和食という文化ひいては日本文化が一層理解され、愛されるきっかけになればこれほど嬉しいことはありません》

安倍は一通り語り終えると、誰もが驚愕する挙に出た。「それではいただきます」と言うと同時に、目の前にある御飯茶碗を左手で、箸を右手で同時に持ち上げ、さらに箸を宙で回転させ、最後は口からはみ出た御飯を箸で押し込んだ。わずか三秒くらいの間に、最低でも四つのマナー違反を犯している。

恥晒しというしかないが、これこそがわが国に対する安倍という〝幼児〟の姿勢を示している。

『美味礼讃』を書いたフランスの法律家ジャン・アンテルム・ブリア＝サヴァランは《禽獣(きんじゅう)はくらい、人間は食べる。教養ある人にして初めて食べ方を知る》と言った。世界各国の首脳が、この「禽獣」をどのように観察していたかは容易に想像がつく。

■人間失格

反共を利用

安倍は共産党も利用してきた。

二〇一六年三月一三日、安倍は自民党大会で、参院選について「選挙のためだったら何でもする、誰とも組む、こんな無責任な勢力に私たちは負けるわけにはいかないんです。今年の戦いは政治に国民に責任を持つ自民党・公明党連立政権対こうした民主党、共産党、民共の勢力との戦いになります」と表明。

選挙のためだったら何でもする、誰とでも組むのはどこの政党なのか。一九九四年六月三〇日、自民党は社会党と組み、社会党委員長の村山富市（むらやまとみいち）が総理大臣になった。このときの総理大臣指名選挙で村山に投票したのは安倍である。

二〇一六年二月二〇日、安倍はラジオ番組でキャスターから「もし民主党の政治家であればどのような政策を掲げて支持率を上げるのか？」と聞かれ、「民主党の政治家なら、政治家を辞めるという選択肢もある」と発言。また、「民主党全体の質問を見ていると、だんだん共産党と似てきた」と発言。共産党と絡めて印象操作を行なう姿はナチスに近い。批判されると脊髄反射的に「レッテルを貼るな」と言う安倍は他人にレッテルしか貼らない。

同年六月一一日、安倍は愛媛で講演、「野党統一候補というものではなくて、共産党、民進党の統一候補。民進党には、もれなく共産党がついてくる」と発言。

同月一三日、民進党の岡田克也（おかだかつや）は、安倍が野党統一候補に対し「実態は共産党と民進党の統一候補。気をつけよう、甘い言葉と民進党」と述べたことについて、「総理大臣の言葉なのかと思ってしまいますね」「わたくしは非常に公党に対して失礼だというふうに思います。ちょっと度が過ぎていますね、総理の言い方は。まるで（共産党は）非合法政党みたいな扱い方」と批判した。

アホなのは二〇一四年三月一二日の国会における安倍の発言。

「自分の決めて掛かる考え方と違う人の存在を許さない。そういう考え方に、私はびっくりしたわけでございます。さまざまな考え方の人たちがこの世の中には存在するわけでありまして、当然私と違う考え方の方もおられる。しかし、私は、そんな人が存在するとは思わないなどということはつゆほども思いません」

「つまり、そのような、そういう自分と考え方の違う人の存在を許さない、そうした狭量な考え方自体が私は極めて問題であろう、極めて危険なものを感じていると言わざるを得ないわけでございます」

すでに述べたが、演説中に野次が飛ぶと、安倍は指さしながら、「こんな人たちに負けるわけにはいかない」と発言。また、新型コロナの感染拡大が続く中、オリンピック開催を危惧する人たちを「反日」と決めつけた。

自分と他者の境界

乳幼児は自分と他者の境界が曖昧だという。そういう意味においては、安倍は生涯乳幼児だった。

二〇〇七年一月一二日、北大西洋理事会で「新しい防衛省は、国際平和協力活動を国土防衛とともに本来任務として敢然と遂行する用意があります。（中略）憲法の諸原則を遵守しつつ、いまや日本人は国際的な平和と安定のためであれば、自衛隊が海外での活動を行なうことをためらいません」と発言。勝手に「日本人」と一括りにするなという話。

二〇一八年三月一八日、防衛大学校の卒業式訓示で「私は諸君の先頭に立って、諸君と共に日本の平和を守り抜く決意であります」と発言。

二〇一二年九月二〇日、安倍は秋葉原で演説。

「そしてもう一つ大切なことは、この島はやっぱり私たちの手で守るんです。日本の領土のために、自分の国民のために命を懸けない人のために、命を懸ける人を探したって、世界中どこにもいないんです。このことがわからなくなってしまったことが、この戦後の六五年ではないでしょうか」

勇ましいことを言いながら、安倍は最初に敵前逃亡するタイプの人間である。

二〇一四年四月二〇日、安倍はテレビ番組に出演し、「私はお国のために死ねる。〇か×か？」という質問に対し、△の札を出し、こう言った。「死ぬ覚悟はできてると、いま私が言ってもですね、嘘っぽく聞こえてしまうんだなと思うんですが」

嘘っぽく聞こえるのは普段から嘘しかつかないからである。《日本国政府が自らの手で守るという明確な意識のないまま、問題を先送りにし、経済的豊かさを享受してきたツケ》（『新しい国へ』）、要するに平和ボケが安倍政権を生み出したのである。

第七章

安倍晋三関連事件

■安倍ゲート

広島大規模買収事件

二〇一九年七月の参議院選挙をめぐり、地元議員らに票の取りまとめを依頼し、報酬として現金を配ったとして、二〇二〇年六月に元法務大臣の河井克行と妻で参議院議員の案里が逮捕・起訴された。検察当局は広島県議ら三四人も公職選挙法違反（被買収）で起訴。

この検察の動きを妨害したのが官邸だった。「週刊文春」（二〇二〇年六月二五日号）によると、広島地検の幹部は記者に対し「官邸が圧力をかけて、河井夫妻の捜査をやめさせようとしている」「官邸は（稲田伸夫）検事総長を（黒川弘務の監督責任で）辞めさせて、河井捜査を止めようとしているようだが、そうはいかない」と語っていた。

克行は法相に就任すると、知人に「法務・検察の上に立った。もう何があっても大丈夫だ」と語っていた（「東京新聞」六月一九日）。絵に描いたような悪党である。

通常一五〇〇万円程度の選挙資金の一〇倍にあたる一億五〇〇〇万円が、自民党本部から河井陣営に流れた理由は、かつて安倍を「もう過去の人だ」とこきおろした溝手顕正を落とすため。要するに私怨。実際、党広島県連関係者は党本部サイドから「これは総理案件だから」と説明されたという（「毎日新聞」六月一八日）。

　これは幹事長の一存で動かせる金額ではない。

　公職選挙法では買収目的でカネを出せば、交付した側も罰せられる。安倍の地元事務所からは、筆頭秘書をはじめ、四人もの秘書が現地に送り込まれていた。

　では誰が指示したのか。党幹部は口を濁して逃げ回ったが、その責任者について二階俊博が「党全体のことをやっているのは総裁（当時の安倍）とか幹事長の私。党の組織上の責任はわれわれにある」と自白（二〇二一年五月二四日）。菅義偉も「当時の（自民党）総裁と幹事長で行なわれていることは事実ではないか」と発言（同年六月一七日）。現職の総理大臣と党幹事長が責任は安倍にあると名指ししたわけだ。

　資金提供の前後には、克行と安倍が頻繁に単独面談を行なっていた。

　克行は現金を配るとき、「これ、総理から」「安倍さんから」と口にしていたという。現金を受け取った安芸郡府中町の繁政秀子町議は、「（自民党支部の女性部長に就いており）安倍さんの名前を聞き、断れなかった。すごく嫌だったが、聞いたから受けた」と振り返っている（「中国新聞デジタル」二〇二〇年六月二五日）。

桜を見る会事件

「桜を見る会」は各界で功績を上げた人や著名人を招待するもので、飲食費を含めた開催費用は公金で賄（まかな）われている。一九五二年から新宿御苑（しんじゅくぎょえん）で行なわれていたが、安倍政権になってからは予算も招待者も急増した。「桜を見る会」自体が問題なのではない。安倍が「桜を見る会」に後援会関係者らを呼んだことが問題なのだ。

安倍の地元山口県からは支持者八五〇人が貸し切りバスに乗って参加。安倍は「招待者の取りまとめなどには関与していない」と嘘をついていたが、「桜を見る会」を日程に含んだ案内状が安倍の事務所から地元有権者に送付されていたことが発覚。会の前日には都内のホテルで安倍夫婦同席の夕食会が開かれたが、このとき集めたカネは政治資金収支報告書に記載されていない。公職選挙法違反や公金横領、政治資金規正法違反が疑われた。

安倍の後援会関係者は《早朝七時三〇分にホテルを出発し貸切りバスで新宿御苑に向かい、到着するとすぐに安倍首相夫妻との写真撮影会が満開の八重桜の下で行われました》《安倍首相には長く政権を続けてもらい、今後もずっと「桜を見る会」に下関（しものせき）の皆さんを招いていただきたいと思い新宿御苑をあとにしました》とブログに書いていた。

さらに安倍政権は関係書類の改竄、破壊を続けた。

内閣府が二〇一九年一一月に国会に「桜を見る会」の推薦者名簿を提出したが、推薦した部局名を隠す加工がされていた。菅義偉は「極めて不適切な対応で、今後、このような行為を厳に慎むよう内閣府に徹底した」と事実を認めた（二〇二〇年一月一四日）。政府は「桜を見る会」の招待者名簿を共産党議員から資料要求を受けた日にシュレッダーにかけ、電子データもこの前後に削除したと説明。データを復元できるか第三者の専門業者に調査を依頼する可能性についても否定。局名を隠す加工が行なわれたのは、「推薦者名簿は廃棄済み」という国会答弁との整合性を図るためだった。

東京地検特捜部は安倍の公設第一秘書の配川博之（はいかわひろゆき）を事情聴取。二〇二〇年一二月、配川は政治資金規正法違反で罰金一〇〇万円の略式命令を受けている。安倍も事情聴取されたが、「不起訴相当」になり逃げ切っている。

配川の刑事確定記録が「東京新聞」の請求により開示されたが、配川は、費用を補塡すれば違法な「寄付」になりかねず、「後援会の収支報告書に載せることはできない」と当初から認識していたという。

また、「桜を見る会」前夜祭で、サントリーが二〇一七〜一九年、計四〇〇本近い酒類を無償で提供していたことが判明。これは違法な企業献金に当たる。会場のホテル側が作成した資料に「持ち込み」として酒類の記載があり、サントリーの広報担当者は無償提供を認めた。無償提供が行なわれていた時期は、政府・与党が酒税の変更を検討していた時期と重なることも報道されている。当時、サントリーホールディングス社長の新浪剛史(にいなみたけし)が安倍らと会談を重ね、酒税の税率一本化が先送りされていた。

マルチ商法・反社会勢力・半グレ組織

「桜を見る会」には安倍に近い統一教会の関係者、悪徳マルチ商法の会長、反社会勢力のメンバー、半グレ組織のトップらが招かれていた。すでに述べたように、安倍と周辺一味は前夜祭の明細書を隠蔽。反社会勢力とのつながりについて追及されると、政府は「反社」の定義も勝手に変更した。政府は「その時々の社会情勢に応じて変化し得るものであり、限定的・統一的な定義は困難だ」とする答弁書を閣議決定したが、二〇〇七年には「企業が反社会的勢力による被害を防止するための指針」で、反社会的勢力を「暴力、威力と詐欺的手法を駆使して経済的利益を追求する集団または個人」と定義していた。

すべてがご都合主義。後から定義が変更されるなら、議論が成り立たないばかりか、「事実」すら消滅する。

反社会勢力が、手違いで「桜を見る会」に紛れ込んだのではない。

安倍は総理推薦枠の「六〇」番で、悪徳マルチ商法の「ジャパンライフ」会長の山口隆祥(やまぐちたかよし)に招待状を送り、一方、ジャパンライフは「安倍晋三内閣総理大臣から山口会長に『桜を見る会』のご招待状が届きました」と招待状や安倍の写真をチラシにして勧誘に利用していた。

要するに安倍はカルトや詐欺組織の広告塔だったわけだ。

健康グッズなどの預託商法を展開し、顧客からおよそ一億六〇〇〇万円をだまし取った罪に問われた山口は東京高裁で懲役八年の実刑判決が確定している(二〇二二年一一月一八日)。

同社は二〇一四年以降、消費者庁から相次いで行政指導や行政処分を受け、二〇一七年にマルチ商法の認定を受けた。野党の「総理主催『桜を見る会』追及本部」には、安倍の招待状を見て、ジャパンライフを信用してしまったという話が数多く寄せられた。ジャパンライフの問題は過去に何度も指摘されてきたが、安倍はその詐欺の片棒を担いだわけだ。

安倍家と山口の関係も深い。安倍晋太郎は一九八四年のニューヨークへの外遊の際、山口を同行させたことを一九八六年に国会で認めている。この訪問団の名簿には外相秘書官として晋三の名前も記載されていた。

安倍は事件をごまかすために一貫して嘘をつき続けた。

すでに述べたが、安倍は「後援会としての収入、支出は一切なく、事務所側が補填したという事実もまったくない」と大嘘をついた。安倍は『回顧録』で自分の説明について《しかし、結果としてそれは事実に反していた》と反省したかのような素振りを見せたものの、《内閣総理大臣の答弁が事実と違ったことは、まさに国会の信頼にかかわることです。政治的責任は重いと思っています》と完全に他人事。『回顧録』の冒頭には、この回顧録は歴史の法廷に提出する安倍の「陳述書」でもあるという趣旨のインタビュアーの文章があったが、安倍には現実世界の法廷で述べるべきことがたくさんあったはずだ。

森友学園事件

森友学園事件は、大阪市内で幼稚園などを経営していた学校法人森友学園が小学校用地として二〇一六年六月に購入した豊中市の国有地をめぐる問題である。該当の用地は更地価格九億五六〇〇万円から森友学園による地下埋蔵物撤去費用の約八億円が差し引かれて一億三四〇〇万円で売却されたが、開設予定の小学校の名誉校長に安倍昭恵が就任していたことから、売却価格の決定過程や安倍夫婦の関与をめぐり騒動になった。

二〇一八年三月一九日、安倍は「中身を見ていただいても忖度したという形跡はない。忖度したならそういう記述があってもしかるべきでしょう」と発言。「記述」があれば「忖度」ではないし、不正に関わったなら「形跡」を残すわけがない。

安倍は「丁寧にしっかり説明していくことが大事だ」などと言っていたが、やっていたのは、嘘、デマを流し時間稼ぎをすることだけ。「黒川検事長と二人で会ったこともない」も「検察庁法改正案は法務省の提案」も「検察庁の人事案に対する官邸介入はありえない」も全部嘘だった。

二〇一八年三月七日、財務省近畿財務局の職員が自殺。A4用紙で七枚にわたる手記やメモには「このままでは自分一人の責任にされてしまう」「冷たい」「決裁文書の調書の部分が詳しすぎると言われ上司に書き直させられた」「勝手にやったのではなく財務省からの指示があった」との文言があった。男性の親族によると、「心と体がおかしくなった。自分の常識が壊された。汚い仕事の人はみんな異動したが、自分だけ残された」とも語っていたという。近畿財務局からは家族に対し、遺書の内容を口外するなという連絡があったとのこと。

地下埋蔵物を試掘した業者は、大阪地検特捜部の調べに「（学園側と国側から）書けと言われてしょうがなくやった」「事実と違うことを書かされた」と答えている。

森友学園との土地取引は、近畿財務局内で「安倍事案」と呼ばれていた。財務局で国有地取引を担当したことがある関係者によると、森友問題が浮上して以降、局内では「『安倍事案』で自分たちだけでは判断できない」「官邸筋や本省から理不尽なことをやらされている」との声が上がっていたという（「しんぶん赤旗」二〇一八年三月二二日）。

「いつまで森友問題をやっているんだ」と言い出すバカも現れたが、国会の貴重な時間を浪費してきた責任は与党側にある。議論の焦点になってきた地下埋蔵物に関する財務省の二ページ分の文書はすべて削除されていた。改竄前の文書には、安倍、昭恵、麻生太郎、平沼赳夫、中山成彬といった名前があり、日本会議への言及もある。文書偽造は約三〇〇ヵ所に及んだ。

では、誰が何の目的で改竄を指示したのか？

財務省は、当時財務省理財局長だった佐川宣寿の国会答弁との整合性を図るため、理財局の一部の職員が近畿財務局に指示し、改竄したと説明していた。政府は財務省に責任を押し付け、財務省陰謀論を唱える連中がそれに加担した。

しかし、太田充理財局長が同省の説明を修正（二〇一八年三月一六日）し、決裁文書改竄の背景について、「政府全体の答弁は気にしていたと思う」と発言。同月一九日、共産党の小池晃から「なぜ国会議員でもない昭恵氏の動向が（改竄前の決裁文書に）記載されているのか」と問われると、「それは、基本的に、総理夫人だということだと思う」と答弁。

二〇一八年三月二五日、安倍は「国民の行政に対する信頼を揺るがす事態となった。行政の長として責任を痛感している。行政全般の最終的責任は首相である私にある」「二度と起こらないように組織を根本から立て直す。その責任を必ず果たしていく」と発言。その後、徹底して事実を隠蔽し、議論から逃げ回った。

『回顧録』で「それでも首相夫人として昭恵さんが軽率だったという批判は免れられませんね」とインタビュアーが問うと《致し方ない面もあるんですよ。昭恵の友人の娘が、森友学園の幼稚園に通っていて、その友人から誘われた話なのです》と答えている。友人から誘われたことが、なぜ批判から免れる根拠になるのか。思考回路が異常極まりない。

■言論統制・言論弾圧

布マスク事件

日本国内で新型コロナウイルスの感染一例目が判明してから三ヵ月経って、安倍が〝対策の目玉〟として打ち出したのは「全世帯に布マスク二枚配布」だった。

二〇二〇年四月一日、安倍は新型コロナウイルス感染症対策本部で、全世帯に再利用可能な布マスクを配ることを表明。感染拡大の中、駆り出された配達員はたまったものではないが、当初から布マスクの感染防止効果は疑われており、洗って繰り返し使うことで不衛生になる可能性も指摘されていた。

この施策を決めた時点でWHO（世界保健機関）は、新型コロナ感染拡大期における布マスクの使用は「いかなる状況においても勧めない」と述べている（「朝日新聞デジタル」二〇二〇年四月二日）。

当時外出自粛が要請されていたが、外出を前提とするマスクを配るのも意味不明。素人の思いつきに巨額の税金を投入するより、医療体制の充実や使い捨てマスクの量産支援、ワクチン開発に回すべきとの声が広がった。

「小さすぎる」「洗うと縮む」「異臭がする」といった意見も多く、カビや汚れ、虫、髪の毛の混入も発覚。厚生労働省の担当者は「不良品を見つけたら居住する自治体に連絡してほしい」とコメントしたが、新型コロナへの対応をギリギリのところでやっている自治体の仕事をさらに増やしただけだった。

では、なぜこのような愚行を犯したのか？

裏で悪党が動いた可能性は高い。

政府は発注先やメーカーをひた隠しにした。野党から追及され、一部を公表したが、納入した業者の選定経緯なども不明のまま。また、国が開示したマスクの調達に関する契約の文書や納品書などは、発注枚数や単価が黒塗りになっていた。

一時暴騰していた不織布マスクの値段が下がったころになって、布マスク全戸配布が完了したが、連中は布マスクの追加配布をもくろんでいた。マスクの品薄状態が解消されていた二〇二〇年六月二二日には、約五八〇〇万枚を追加発注していたことが判明。世論の反発もあり、追加配布は希望制に変えられた。

当初は配布した布マスクと同じものをパフォーマンスで着けていた安倍だが、その後は不織布マスクを使っていた。
この件に関し、神戸学院大学教授の上脇博之（かみわきひろし）が、マスクの「単価」と「数量」の開示を求めて訴訟を起こし、二〇二三年二月二八日、大阪地裁は不開示の取り消しを命じる判決を言い渡した。その審理の中で、布マスク全世帯配布は首相官邸からトップダウンで命じられた事業であったことや、値段交渉が行なわれていなかったことも明らかになった。なお、行政機関が行なう公共事業は会計法によって競争入札することが原則とされる。
安倍は『回顧録』でこう述べている。
《いろいろ言われましたが、私は政策として全く間違っていなかったと自信を持っています》
《〔いろいろな批判があったのは認めるが〕でも、若い子があのマスクをプレゼントに使ったり、刺繍（ししゅう）をしたりして、結構評価もされましたよ》
私がインタビュアーだったら「刺繍は関係ないだろ」とその場でツッコむと思う。
『回顧録』から見えるのは、安倍という男の絶望的な幼さ、自己中心的な思考、地頭の悪さだ。内容も真偽不明で検証不能な話の数々、寒々しい自慢話、酔っ払いのようなクダ、責任の押し付け、卑劣な言い訳のオンパレード。

安倍が残したのは結局、膨大な量の布マスクの在庫とその保管料だった。一部はネットで申し込んだ希望者に無償で配られたが、送付費用だけで約五億円かかっている。

「いけないことなのか」

二〇二〇年二月二六日、安倍は感染症対策本部で、突如スポーツ・文化イベントなどの二週間の自粛を要請することを表明する。その翌日には、春休みまで全国の小中高校に一斉休校を要請すると言い出した。これは専門家の意見も聞かずに首相秘書官兼補佐官の今井尚哉が提案したものを安倍が独断で決めたものだった。安倍は、学校を閉鎖し、学童保育（放課後児童クラブ）を受け皿にすると言い出したが、学校なら新型コロナに感染して学童保育なら感染しないのか。意味不明。科学的根拠を問われた安倍は「疫学的な判断をするのは、困難である」と答弁。「必ず乗り越えることができると確信している」とも言っていたが、無責任にも程がある。

新型コロナの感染が拡大する中、安倍は連日のように宴会三昧。大型クルーズ船のダイヤモンド・プリンセス号で乗客が新型コロナに感染し、その数が増えていた二月一二日以降、一一日間のうち安倍は九日間会食していた。

この件に関し、国会で「民間企業は飲み会を自粛している。首相の危機感のなさが国民を不安にしている」と問われると、安倍は「いけないことなのか」と反論。本当に脱力する。さらに安倍は宴会ではなくて、意見交換だと言い出した。その意見交換の相手はほとんどがいかがわしいネトウヨだった。同月二八日には百田尚樹とネトウヨ編集者の有本香を公邸に招き会食。

二〇二〇年二月二九日、新型コロナウイルスへの政府の対応に関する会見が行なわれたが、安倍は、広報官が書いた原稿と事前に用意された記者の質問への返答をそのまま読み上げ、記者の質問を打ち切り、わずか三六分で自宅に帰っていった。欧州全域を対象とする水際対策も安倍が躊躇したため大きく遅れた。

口を開けば嘘ばかり。

二〇二〇年四月一三日、安倍は「休業に対して補償を行なっている国は世界に例がなく、わが国の支援は世界で最も手厚い」と発言。もちろん大嘘。ドイツもイギリスも休業補償を行なっていた。

同月下旬には国会で「感染症指定医療機関の病床を最大限動員し、三万二〇〇〇を超える病床を確保した」と答弁。しかし「東京新聞」が調べたところ、全都道府県が確保できたのは計約一万四〇〇〇床に過ぎなかった。

メディアへの圧力

ナチスの宣伝相パウル・ヨーゼフ・ゲッベルスによるプロパガンダの手法は、より洗練された形で今の日本で使われている。デタラメな説明を一方的に繰り返し、都合が悪くなれば、言葉の置き換え、文書の捏造、資料の隠蔽、データの改竄を行なう。わが国は再び二〇世紀の悪夢を繰り返そうとしている。

安倍政権は一貫してメディアに圧力をかけた。安倍が言論統制・言論弾圧を行っていたのは疑惑ではなく、客観的事実である。

安倍や麻生太郎などの特定の政治家が有利になるデマや歪曲（わいきょく）動画を個人（Ｄａｐｐｉ）を装った企業に制作させ、世論形成・世論誘導を行なっていた疑惑も発生。そこには国民の税金が投入されていた。自民党東京都連の政党交付金使途等報告書（二〇一六～一八年、二〇年）によると、使い残した政党交付金を国庫に返さずため込んだ「政党基金」からも支払われている。

二〇二三年三月二日、立憲民主党の参院議員小西洋之（こにしひろゆき）が安倍政権時代に作成された総務省の内部文書を公表。そこには礒崎陽輔首相補佐官が二〇一四年一一月二六日に、放送法の解釈や違反事例などの説明を総務省に問い合わせてから、翌一五年五月に総務大臣の高市早苗が従来の政府見解を事実上見直すまでのやりとりが時系列でまとめられている。

要するに政府にとって都合の悪いテレビ番組を潰すために悪党が動いたわけだ。内部文書には「現在の放送番組には明らかにおかしいものもあり、こうした現状は正すべき」という安倍の発言や「けしからん番組は取り締まるスタンスを示す必要がある」という礒崎の発言も記載されている。

高市は自身の言動に関する記述から「まったくの捏造文書だ」と言い張ったが、その後、総務相の松本剛明(まつもとたけあき)が「すべて総務省の行政文書であることが確認できた」と述べ、礒崎が総務省に「問い合わせた」ことも認めた。内部文書によれば、礒崎は「この件は俺と総理が二人で決める話」「しかし、俺の顔をつぶすようなことになれば、ただじゃあ済まないぞ」と圧力をかけている。安倍政権がやったことは、自由と法に対する攻撃だった。

第八章

カルト、統一教会、反社、維新

■安倍と維新の黒いつながり

橋下徹を高く評価

安倍と維新の会はずぶずぶに繋がっていた。

安倍が高く評価したのが橋下徹（はしもととおる）である。

《なによりも結果を出してこその政治家であり、結果を出さない政治家には一文の価値もないと思っていますので、民主党との連立という選択肢はありませんが、いま評価が分かれている「大阪維新の会」については、私は連携できると考えています》

《現場との対立を厭（いと）わず、次々に改革を打ち出す。教育改革などは実に筋が通っていきます》

《そこは橋下さんの才能だと思いますね。政治家はメディアとの対立を極力、避けます。それをテレビメディアに対しても堂々と主張を貫き通し、勝利している》（安倍晋三、百田尚樹『日本よ、世界の真ん中で咲き誇れ』）

では「都構想」「教育改革」とはなんだったのか。

まず、「都構想」という名称自体が嘘だった。多くのメディアが「大阪都構想への賛否を問う住民投票」などとミスリードしていたが、住民投票で賛成票が反対票を上回っても、「大阪都」になることはなかった。「二重行政の解消のために都構想を実現する」という話は住民投票とは関係ない。

住民投票が通れば、大阪市は解体され、五つの特別区に分割されることになっていた。当然、大阪市民は自治を失う。その財源や権限の多くは維新により流用されることになる。たとえばカジノ関連のインフラ整備といったものだ。

常識があれば、こんな百害あって一利もない制度に賛同するはずはない。ではなぜ住民投票で賛成票と反対票が拮抗（きっこう）したのか。維新の会が嘘、デマ、プロパガンダを垂れ流したからである。

二重行政の解消でカネが出てくるという話も嘘だった。当初維新は、年間四〇〇〇億円の財源を生み出すのは「最低ライン」と言っていた。ところが、大阪府と大阪市が試算した結果は九七六億円。さらにその数字も橋下の指示による粉飾だった。最終的に大阪市議会が出した「効果」はわずか一億円。制度移行のための初期投資六八〇億円、年間コスト一五億円を引けば、明らかにマイナスだ。

にもかかわらず、橋下は大阪市のタウンミーティングなどで、二重行政の解消による財政効果は「無限」と言い出した。

住民投票前になると「都構想の住民投票は一回しかやらない」「賛成多数にならなかった場合には都構想を断念する」と断言したが、否決後三ヵ月もしないうちに、再び「都構想」をやると言い出した。

確信犯的に細工を加えた詐欺パネルも使い放題だった。問題は、市民団体や学者により数値のごまかしを指摘された後も使い続けたことだ。つまり、確信犯的に嘘をつく連中が大阪市の財源を狙ったのである。

橋下は著書で「ウソをつかない奴は人間じゃねえよ」と述べている人物だ。維新は一貫して嘘、デマを垂れ流し続け、メディアや学者らに圧力をかけ、既得権益を持った「敵」をでっちあげ、大衆のルサンチマンに火をつけることで拡大した。この「近代特有の悪」とでも呼べる現象の背後にいたのが、安倍である。

劇場型犯罪

「大阪都構想」は戦後最大の巨大詐欺事件であり、劇場型犯罪だったと言ってもいいだろう。政令指定都市である大阪市が白昼堂々狙われたのである。「都構想」の目的は橋下が正確に述べているように「大阪市が持っている権限、力、お金をむしり取る」（二〇一一年六月二九日）ことである。

二〇一五年五月一七日の住民投票で反対が上回ると、安倍は「辻元さんと一緒に大阪都構想に反対した（自民党）大阪府連はけしからんね」と発言したという（「週刊文春」二〇一五年六月一日号）。また、二〇一五年の大阪知事選・市長選で維新の会が二勝すると、首相官邸からは歓迎する声があがった。官邸は一貫して大阪の自民党を攻撃してきた。同志の背中に矢を放つ外道。卑怯、卑劣極まりない。

橋下が大阪で何をやったのか？

友人を教育長に押し込み、公募でセクハラ校長を集め、大阪の教育を完全に荒廃させた。平松邦男（ひらまつくにお）市長時代に比べて教育予算を五倍にしたというのも大嘘。平松市政が行なわれていた二〇一一年度のこども青少年費は一六八七億円、教育費は九八〇億二二〇〇万円である。二〇一四年度の橋下市政では、こども青少年費が一七一三億一九〇〇万円、教育費が八四五億五六〇〇万円。つまり、橋下は一〇八億四七〇〇万円も予算を削ったのだ。五倍というのは、塾代助成やパソコン導入などの予算を恣意的に選んだもの。デタラメもいいところだ。
維新の教育改革により、校内暴力発生件数は全国一位に。住民投票（二〇一五年五月一七日）が否決され、橋下が市長任期終了後に政界を引退することを表明すると、安倍は《大阪市を廃止すべきか否かという大きな問題について、住民投票によって市民に賛否を問うという段階まで進めたリーダーシップは注目に値すると思います》と述べた（「正論」二〇一五年七月号）。
《橋下市長はこれまで政治家として、リーダーシップをもって新しい試みに挑戦してきました》
《憲法改正を進めて行くべきだという考えでは、私たちとも一致しています。憲法改正に向けて、強いリーダーシップ、国民に訴えかけていく力を生かしていただきたいと思います》
要するに、安倍と橋下は同類。「自民党はダメだから維新に投票する」というのは愚の骨頂。
安倍は《橋下さんについては、際立っている主張が大阪都構想と教育条例ですね。とても突破力がある政治家だと評価しています。道州制を議論する人が増えることで、地方主権がさらに進んでいくのは、望ましいことです》(「ダイヤモンド・オンライン」二〇一二年三月一五日)とも発言。

二〇一五年一二月一九日、安倍と菅義偉、松井一郎が参加し、橋下の「慰労会」が開かれた。そこでは憲法論議が行なわれ、橋下は「統治機構を一から設計し直すのは政治家の役割」「統治機構改革のための改憲を目指すべきだ」と発言。安倍は橋下の引退について「惜しむ声は多い」と語ったという。

構造改革利権

二〇二〇年九月七日、大阪市選挙管理委員会は「大阪市を廃止し特別区を設置すること」の是非を問う住民投票について、一一月一日投開票とする日程を決めた。「産経新聞」が大阪市内の有権者を対象に世論調査を行なったところ、賛成は四九・二%、反対は三九・六%となった。注目すべきは、「都構想」についての府市の説明については七一・八%が「十分ではない」と答えていたこと。つまり、内容を十分理解せずに、賛成したり反対したりする人がかなりいたわけだ。

どうしてこういうことになるのか。答えは簡単だ。大阪市の財源を狙う維新の会が、確信犯的に大阪市民を騙したからだ。証拠は山ほどある。

市選管は投票用紙に「大阪市を廃止し特別区を設置することについて」と明記した上で「賛成」か「反対」かのどちらかを記入する方式にした。二〇一五年五月の住民投票の際はこの文言はなかったので一歩前進といってよいが、これに反発したのが松井一郎だ。市選管の決定前には、「『大阪市を廃止』ではなく『大阪市役所を廃止』とできないか」と注文をつけている。選管は当然却下したが、正確な情報が有権者に伝わったら都合が悪いわけだ。

安倍はこうしたいかがわしい連中で周辺を固めてきた。維新もまた構造改革利権を狙う政商と新自由主義勢力の先兵として動いている。二〇一二年九月二七日、衆院選の候補者選定委員長に竹中平蔵が就くことを発表。橋下は「基本的には竹中さんの価値感、哲学と僕らの価値感、哲学はまったく一緒」と述べている。

大阪市解体を目的とした住民投票の裏にいたのが菅である。維新の馬場伸幸は「（都構想に向けた法整備の）議論をリードしたのが菅首相だ」（二〇二〇年一〇月二九日）と発言。実際、菅は二〇一二年に「大都市問題に関する検討プロジェクトチーム」の座長を務め、東京都以外の大都市が特別区を設置できるようにする大都市地域特別区設置法の成立を推進した。また、大阪・関西万博の誘致をバックアップし、カジノを含む統合型リゾート（IR）の大阪誘致でも連携してきた。

菅本人が語っている通り、橋下を政界に呼び込む説得をしたのは菅である。逆にいえば、橋下がモラルの欠片もない人間だからこそ、国家や社会の紐帯（ちゅうたい）を破壊したい勢力が目をつけたのだろう。新自由主義的な政策を利用して社会を破壊し、「身を切る改革」と言いながら、庶民の身を切り、その過程で生まれた甘い汁を吸う。連中はそれを隠しもしなくなった。

橋下は二〇二一年一二月三〇日、テレビ番組でこう発言する。

「僕が大阪維新の会を立ち上げる前、まだ民主党政権のとき、菅さんは野党の一議員だったんですけど、東京から週に一回ぐらい松井さんに会いに来てたんですよ。『時間ない？コーヒーでも飲もう』って。そのとき、松井さんは大阪府知事で」

「それぐらいの関係なんで、大阪の改革を安倍さんも菅さんもすごく評価してくれてましたから、カジノとかJRとか大阪万博、それからリニア。国の力がなかったら動かないようなことを協力してくれて、JR大阪駅の北側のうめきた、あれも開発が進んでますけど、あれも安倍さんと菅さんの力を借りてお金を引き出したんですよ」

その後、橋下はツイッターで「週に一回ぐらい」を「月一回ぐらい」に修正したが、安倍や菅がカネを引き出すのに協力していたことを暴露したわけだ。維新が無理筋の安倍礼讃を続けた理由もこれでわかる。

二〇一六年一二月二日、統合型リゾート整備推進法案（カジノ法案）が、国民の七割が反対する中、強行採決で押し通された。同月七日、党首討論で安倍は、カジノ法案について「ＩＲに対する投資があり、それが雇用につながっていくのは事実だ」と発言。

民進党代表の蓮舫が「ギャンブル依存症のメカニズムは未解明で、治療法は確立されていない。カジノの解禁のため、なぜ強行採決に踏み切ったのか」と批判すると、安倍は「ビジネスや会議だけでなく家族で楽しめるのがＩＲだ」と意味不明の答弁。

政府は「カジノを機に包括的なギャンブル依存症対策を行なう」と言っていたが、依存症を生み出しておいて、依存症対策を行なうというのは完全にマッチポンプ。安倍はカジノ法案に慎重だった公明党が採決を容認し、自主投票で臨んだことについて、「公明党が困難な中でよくやってくれた」と評価。民間賭博を解禁することで、儲かる連中がいるということだ。

■安倍とカルトの黒いつながり

文鮮明と韓鶴子

二〇二二年九月一二日、安倍は天宙平和連合（UPF）が韓国で開催したイベント「THINK TANK 2022 希望の前進大会」にビデオ登壇し、団体への賛美と総裁の韓鶴子（ハンハクチャ）を礼讃するメッセージを送った。

「今日に至るまでUPFとともに世界各地の紛争の解決、とりわけ朝鮮半島の平和的統一に向けて努力されてきた韓鶴子総裁をはじめ、皆さまに敬意を表します。偏った価値観を社会革命運動として展開する動きを警戒しましょう」

UPFは統一教会の開祖である文鮮明（ムンソンミョン）と妻の韓鶴子が二〇〇五年にニューヨークで創設したNGO組織である。つまり、安倍は自分が統一教会の価値観と同じであることを表明し、敵を「警戒しましょう」と共闘を訴えたのだ。

統一教会は霊感商法などで問題を起こしてきた反日カルトである。文と岸信介（きしのぶすけ）は盟友関係にあり、岸の力添えにより、一九六八年に教団系の政治団体「国際勝共連合」が設立された。

岸家・安倍家と統一教会は深いつながりがあるが、第二次政権以降、安倍は統一教会に急接近する。

二〇二一年九月一七日、全国霊感商法対策弁護士連絡会は安倍が統一教会の広告塔となり、カルト勢力の活動にお墨付きを与えていることを憂慮し、安倍に公開抗議文を送付した。しかし、安倍の国会事務所は受け取りを拒否。山口県内にある地元事務所の返答もなかった。

同連絡会の山口広（やまぐちひろし）弁護士は「安倍政権になってから若手の政治家が統一教会のイベントに平気で出るようになった。それまでは政治家が参加しても名前は出さないとか、統一教会側も名前を伏せて『衆議院議員が参加してコメントした』と言っていたが、最近は若手の政治家が大手を振って参加してコメントするようになった」と語っている。

さらにその理由について次のように述べている。

「統一教会と近いとわかった政治家は、安倍政権で大臣や副大臣、政務官に登用される傾向が顕著になった。大臣や政務官に登用されるためには、統一教会と仲良くし、協力関係にあった方が、早く出世できるという認識が（政治家の中に）浸透し始めたのです。これはマズいということで、全国会議員に『統一教会と協力関係になるのはやめてください』と要望しました。それぐらい、安倍さんが統一教会と仲良くすることに開き直るというか、顕著なものがあり、憂慮していました」

同連絡会の弁護団は、第二次安倍政権が発足した二〇一二年一二月以降、それまで相次いでいた教団関与の刑事事件が極端に減ったことをあげ、教団に対する警察捜査に安倍政権が政治的圧力をかけていた可能性に言及している。

面白かったのが自称保守系月刊誌の執筆陣の錯乱ぶり。陰謀論やデマを垂れ流す門田隆将は、安倍は統一教会の天敵だったと言い出した。

《〝安倍氏は統一教会の天敵〟との論を撤回せよ、との意見がよく来る。だが事実は一つ。同会の霊感商法や朝日の慰安婦強制連行捏造報道で始まった一六万人の〝日本女性特別修練会〟を嫌った安倍氏は消費者裁判手続特例法と消費者契約法改正で霊感商法を狙い打ち。ピーク時一六四億円の被害額は三億円に。これが事実》（二〇二二年八月二八日ツイッター）

二〇一三年の消費者裁判手続特例法は、悪徳商法を対象にしたものだが、消費者庁が挙げた対象例に霊感商法への言及はない。つまり統一教会被害を想定して作られた法律とは言えない。また、二〇一八年の消費者契約法改正において安倍内閣が最初に提出した法案には「霊感商法」の文字は記載されていなかった。初案では、救済の対象となるのは「社会生活上の経験が乏しい」若年層に限定されており、高齢者の被害は救済の対象にならないという内容だった。

これに対し、立憲民主党衆院議員の尾辻かな子らが「おかしいではないか」と追及し、衆議院での審議を経て霊感商法対策が加えられたというのが経緯。

要するに、妄想と現実の区別もつかないデマ屋が安倍周辺を固めていたわけだ。

安倍の地元事務所には統一教会関係者が出入りしており、安倍は統一教会票の割り振りにも手を染めていた。元参院議長の伊達忠一は《安倍さんに「統一教会に頼んでちょっと（票が）足りないんだウチが」と言ったら（安倍氏が）「わかりました、そしたらちょっと頼んでアレ（支援）しましょう」ということで》と自身に近い議員のために統一教会の組織票を回してもらうよう安倍に依頼したと証言した（「北海道テレビ放送」二〇二二年七月二八日）。

安倍政権の誕生に統一教会が関わっていた可能性もある（「しんぶん赤旗日曜版」同年八月七日・一四日合併号）。統一教会の関連団体「世界戦略総合研究所」事務局長の小林幸司は、二〇一二年九月の自民党総裁選について、「首相になってほしいので安倍さんを応援し、投票した」と発言。安倍主催の「桜を見る会」に招待された件については「(総裁選で)応援したからですかね」と平然と述べている。

ジャーナリストの鈴木エイトは、二〇一三年の参議院選挙で、安倍が統一教会に直接組織票の支援を求めていたことを明らかにしている。

《参院選直前、統一教会は全国の信者に以下の内部通達を出した。

「全国区の北村さんは、山口出身の政治家。天照皇大神宮教(「踊る宗教」とも)の北村サヨ教祖のお孫さんです。首相からじきじきにこの方を後援してほしいとの依頼があり、当落は上記の『踊る宗教』と当グループの組織票頼みですが、まだCランクで当選には遠い状況です。参院選後に当グループを国会で追求(原文ママ)する運動が起こるとの情報があり、それを守ってもらうためにも、今選挙で北村候補を当選させることができるかどうか、組織の『死活問題』です」

祖父・岸信介元首相の恩人・北村サヨの孫で、安倍晋三首相肝入りの全国比例区候補者だった北村経夫への組織票を、首相自ら教団幹部に直接依頼したとするものだ》(『日本を壊した安倍政権』)

二〇二二年七月二六日、安倍の実弟の岸信夫は統一教会との癒着について追及されると、「統一教会に手伝ってもらったというよりは、メンバーの方にお力をいただいたということだ」と発言。安倍の「幅広く募っているという認識だった。募集しているという認識ではなかった」と同じようなものだが、カルトとずぶずぶということは思考回路も似ているのだろう。

反日カルトの犬

安倍の犬っぷりは群を抜いていた。トランプには「お手」、プーチンには全力で恭順の意を示した。アメリカの犬で、ロシアの犬で、中国の犬で、財界の犬だった人物は反日カルト統一教会の犬でもあった。国家の破壊が続いた七年八ヵ月も、それならば納得がいく。

しかし、「統一教会だけが安倍を動かした」と考えるのは早計だ。すでに述べたように安倍周辺には反社会組織、複数のカルトが複雑な形で食い込んでいたのである。

国家を私物化し、反日勢力とつながっていた男を「国葬」にしたのも、周辺の連中である。一番メリットがあるのは安倍を広告塔として利用してきた統一教会だろう。安倍の国葬は戦後では吉田茂（よしだしげる）、昭和天皇に続く三件目。教団とずぶずぶの関係にいた男が天皇に並べられたのだから、教団は笑いが止まらないだろう。

先述の山口弁護士はこう述べる。

《じゃあ国葬をするとどうなるか。統一教会の信者、統一教会の幹部は間違いなく喜びます。今、「安倍晋三先生は霊界の義人・聖人のいる高い位置にある」、統一教会の信者たちの中で間違いなくそう教えられています。その教えを今、国葬によって、日本国民全体が賛美した、認めたということになるんです》（「現代ビジネス」二〇二二年一〇月六日）

二〇二二年一二月二八日放送の「報道１９３０」で、統一教会元幹部の阿部正寿（あべまさとし）はこう語っている。

「安倍総理は使命を果たした方だと思っています。国葬もやっていただいてありがたいなと思っています」

ＵＰＦジャパンの梶栗正義（かじくりまさよし）議長は、安倍との間に「ずっと温めてきた信頼関係」があるとし、「この八年弱の政権下にあって六度の国政選挙において私たちが示した誠意というものも、ちゃんと本人（安倍）が記憶していた。こういう背景がございました」と述べている。

二〇二二年八月一二日、UPFは文鮮明の死去から一〇年の節目として韓国のソウルで平和祈念イベントを開き、「統一と平和のための運動に力を尽くした」と安倍を礼讃。会場の大型スクリーンには安倍の映像が流された。

勝共連合は「緊急事態条項の創設」「家族条項の創設」「九条への自衛隊の明記」の三つを改憲の優先課題として掲げている。一目でわかる通り、安倍の主張、自民党の改憲案とほぼ同じ内容だ。LGBTへの攻撃も、統一教会の「理想の家庭像」に基づくものである。

そもそも安倍自身がカルト体質だった。

二〇〇九年に手かざし宗教の崇教眞光(すうきょうまひかり)の教団本部で行なわれた大祭では「主の大御神様、救い主様、聖珠様、教え主様、立教五十周年大祭がこうして盛大に開催されましたことを心からお喜び申し上げる次第でございます」と祝辞を述べている。安倍は「神組み手の末席に名を連ねさせていただきました」とも発言。教団によると「神組み手」とは信者のことである(「FRIDAY」二〇二二年八月一九・二六日号)。

安倍は、お告げ、悪霊祓(ばら)い、手かざしを行なう「慧光塾(えこうじゅく)」の代表である光永仁義(みつながひとよし)とも深い関係にあった。安倍は「(光永氏の)パワーで北朝鮮を負かしていただきたい」と語っていた(「週刊新潮」二〇一九年一二月五日号)。

第九章

歴史修正主義

■歴史への攻撃

ポツダム宣言

安倍には義務教育レベルの知識がなかった。過去には《ポツダム宣言というのは、米国が原子爆弾を二発も落として日本に大変な惨状を与えた後、『どうだ』とばかりたたきつけたものだ》（「Ｖｏｉｃｅ」二〇〇五年七月号）と述べていたが、ポツダム宣言が発せられたのは一九四五年七月二六日、原爆投下は八月六日と九日である。

これは単なる言い間違えではない。アメリカが日本に原爆を落とした経緯を理解していれば、このような発言が出てくるわけもない。敗戦前後の時系列も知らずに「戦後レジームからの脱却」を唱えるのは、単に不勉強であるからではなく、歴史や「知」といったものを根本的なところでバカにしていたからだろう。

二〇一五年五月二〇日、共産党の志位和夫が「過去の戦争は間違っていたという認識があるか」と質問すると、安倍は次のように答えた。

「このポツダム宣言を我々は受諾をし、そして敗戦となったわけです。そして今私もつまびらかに承知をしているわけではございませんが、ポツダム宣言の中にあった連合国の理解、例えば日本が世界征服を企んでいたということ等を今ご紹介になられました」

「私はまだその部分をつまびらかに読んでおりませんので、承知はしておりませんから今ここでただちにそれに対して論評することは差し控えたいと思いますが、いずれにせよですね、まさに先の大戦の痛切な反省によって今日の歩みがあるわけでありまして、我々はそのことは忘れてはならないと思います」

ポツダム宣言はわずか一三条で、A4用紙二枚ほどである。「その部分」も「つまびらか」もあったものではない。正直に「読んだことはない」と言えばいいのに平気な顔で嘘をつく。

この発言が注目を浴びると、二〇一五年六月二日、政府は閣議で、「首相（安倍）はポツダム宣言を当然読んでいる」とする答弁書を決定した。こうやって後から歴史を修正するわけだ。

歴史を知らないから、すべてがデタラメになる。

広島市原爆死没者慰霊式並びに平和祈念式における安倍の挨拶の文面は地名などを除き、構成、表現まで毎年ほぼ同じだった。被爆地からは「バカにしている」と怒りの声が上がったが、もちろんバカにしているのである。アメリカによる大量虐殺に対する怒りも、被害者への共感もない。

二〇一四年の広島市原爆死没者慰霊式のあいさつでは「六九年前の朝、一発の爆弾が、十数万になんなんとする、貴い命を奪いました。七万戸の建物を壊し、一面を、業火と爆風に浚（さら）わせ、廃墟と化しました」と言い放った。

「業火」とは「悪業の報いで地獄に落ちた人を焼く火」のことである。非常識極まりない。

続けて安倍は「犠牲と言うべくして、あまりに夥（おびただ）しい犠牲でありました。しかし、戦後の日本を築いた先人たちは、広島に斃（たお）れた人々を忘れてはならじと、心に深く刻めばこそ、我々に、平和と、繁栄の、祖国を作り、与えてくれたのです」

「べく」の用法は間違っているし、普通に「倒れた」と書けばいいのに「斃れた」と書く。「斃死（へいし）」という熟語があるように、これは「のたれ死に」を指す。

結局、安倍にとっては原爆投下などどうでもよかったのだろう。安倍は核兵器の保有や使用を全面的に禁ずる核兵器禁止条約に強硬に反対。二〇一七年二月一〇日の日米共同声明には日本防衛に関して「核及び通常戦力の双方によるあらゆる種類」の軍事力を使った

「コミットメントは揺るぎない」と明記された。

二〇一八年一月二五日、安倍は国会で「通常兵器に加えて核兵器による米国の抑止力を維持していくことが必要不可欠だ」と発言。これらは今に始まったことではない。二〇〇二年五月一三日には、早稲田大学の講演で「憲法上は原子爆弾だって問題ではないですからね、憲法上は。小型であればですね」と述べている（「サンデー毎日」二〇〇二年六月二日号）。とりあえず、大きさは関係ないだろう。

反皇室

安倍は皇室に対して、一貫して不敬な態度をとり続けた。

第一章で述べた通り、新自由主義勢力にとっては、国民の接合材である皇室は「障壁」でしかない。

二〇一六年八月、天皇陛下が生前退位を示唆する「お気持ち」を表明されると、総理官邸は、宮内庁長官の首をすげかえた。明らかに嫌がらせである。

元朝日新聞編集委員の山田厚史は「安倍首相は保守の政治家なのに天皇を粗略に扱っている、というイメージが形成されつつある。被災地や戦争の傷跡を訪問され、国民や平和な世の中に寄り添おうとする天皇の姿勢は人々の静かな共感を集めている」(「ダイヤモンド・オンライン」二〇一七年一月一九日)と指摘していたが、第四章で説明した通り、そもそも安倍は保守ではない。

亀井静香は政治資金パーティーで安倍が陛下のものまねをやって、からかったことを明かしている。

《総理は、こんなふうに(亀井氏、杖をつく素振りをする)陛下の真似をして「あんなことまでして、本当に危ない」と言っていました》(「週刊現代」二〇一七年一月一四日・二一日合併号)

安倍が天皇陛下のものまねをして茶化したという話は、すでに「月刊日本」(二〇一六年一二月号)で、毎日新聞編集委員の伊藤智永(いとうともなが)が紹介していた。

《ある有力政治家の話ですが、彼が官邸の総理執務室で安倍さんと生前退位の話をしたら、安倍さんはカーペットに膝をつきながら、「こんな格好までしてね」と言ったらしいのです。ちょっと何て言うか、天皇陛下が被災者の方々に寄り添うお姿を、そういう風にちゃかしてみせるというのは……。信じがたいですね》

政府は、二〇一九年一月一日に皇太子を新天皇に即位させる案を検討していた。元日には早朝から「四方拝」が行なわれる。国の安寧（あんねい）や五穀豊穣（ごこくほうじょう）を祈る儀式だ。それ以外にも、皇族や首相、閣僚、衆参両院の議長、最高裁長官らのあいさつを受ける国事行為の「新年祝賀の儀」などがある。

新天皇の即位に際してはさまざまな儀式が必要になる。元日に即位を行なうのは不可能だ。

それにもかかわらず、政府は、新天皇が即位する半年から数ヵ月程度前に新元号を発表することを計画していた。その理由のひとつはカレンダーなど印刷物の都合だという。《政府関係者は当時、「カレンダーや手帳などだけでなく、公文書などの変更なども考慮して余裕を持って準備を進めようと思えば、半年程度が適当ではないか」などと話していた》（「ＮＨＫ政治マガジン」二〇一八年一二月二六日）。

元日に新天皇を即位させれば、改元のタイミングとして手間が省けるというわけだ。要するに皇室を完全にバカにしていたのである。

安倍はかつて大統領制を唱えていた橋下徹と改憲で組む意欲を見せていた。橋下は「能や狂言が好きな人は変質者」といった発言からもわかるように、日本の伝統に対する悪意を隠しもしない人物である。

安倍の皇室に対する悪意は言葉の端々にあらわれる。

二〇一九年四月二七日、トランプが「その行事（即位）は日本人にとって、スーパーボウルと比べてどれくらい大きいものなんだ？」と尋ねると、安倍は「だいたい一〇〇倍ぐらいだ」と答えている。

同年四月三〇日、御代替わりを前に執り行なわれた「退位礼正殿の儀」では「天皇皇后両陛下には、末永くお健やかであられますことを願って……あらされますことを願っていません」と発言。「願って已（や）みません」を誤読したのではないかとの指摘が広がったが、該当部分は「やみません」とひらがなだったと官邸は説明。重要な儀式にもかかわらず事前に原稿チェックも練習もしなかったので、本音が出てしまったのだろう。

二〇一六年一〇月二七日、天皇陛下の叔父にあたる三笠宮崇仁（みかさのみやたかひと）親王が薨去（こうきょ）された。安倍は訃報を受け、「皇室を始め御近親の方々の深いお悲しみを拝察申し上げ、ここに、国民と共に慎んで心から哀悼の意を表します」と謹話を発表。「慎んで」は「控えめに」という意味。「謹んで」が正しいと、「毎日新聞」の校閲グループからツッこまれていた。なお、官邸サイトでは、この部分は後から修正されている。

三笠宮崇仁親王は「偽りを述べる者が愛国者とたたえられ、真実を語る者が売国奴と罵られた世の中を私は経験してきた」（『日本のあけぼの 建国と紀元をめぐって』）とおっしゃっていた。

今の時代もそうだ。

■靖國を利用

ネトウヨ向けのリップサービス

安倍は『新しい国へ』で《一国の指導者が、その国のために殉じた人びとにたいして、尊崇の念を表するのは、どこの国でもおこなう行為である。また、その国の伝統や文化にのっとった祈り方があるのも、ごく自然なことであろう》と述べている。百田尚樹との対談本（『日本よ、世界の真ん中で咲き誇れ』）では《安倍政権（第一次）においては、憲法改正のための国民投票や教育基本法の改正など、いわば保守本道としての政策的課題はこなしていったのですが、肝心の靖國参拝について、私が総理在任中にできなかったことは非常に無念です》と述べている。

これに対し、百田が《ズバリ伺いますが、安倍さんが再び総理の座に就いた時には、八月十五日に靖國参拝を行なっていただけますか》と訊くと、安倍は《当然のことながら、いずれかのタイミングで参拝したいと考えています》と答えた。

しかし、二〇一三年一二月二六日以降、総理在任中に参拝することはなかった。

要するに、靖國は集票のための道具に過ぎなかった。すべてがご都合主義。歴史も捻じ曲げる。

「歴史に対して我々は謙虚でなければならないと考える」「歴史の研究は、有識者、そして専門家の手に委ねるべきである」などと繰り返しながら、次々と政治的に歴史認識を確定させてきた。

河野（こうの）談話と村山談話についてはこう述べている。

《次がいわゆる従軍慰安婦に関する河野談話。強制性（わが軍が人さらいのようにして「慰安婦」を連行）という記録はないにもかかわらず、謝罪をするという談話を発表した。

そして村山談話。本来政治は歴史認識を示すべきものではありません。これは歴史家に任せるべきものであるのに、政治的に歴史認識を確定しようとしました。これらを我々は、私が総理の時も含めて配慮の中で継承してきたけれども、果たして中長期的に友好関係に役に立ったかと言えばNOなんですよ。何故かといえば、虚構の上につくり上げられた友情は偽物だからです。

そこで安倍政権の時に、河野談話については、「正確な意味での狭義の強制性については、それを証明するものはなかった」と閣議決定しています》

《さきの大戦をどのようにこれは位置づけるかということでありますが、それはやはり、政府の仕事ではないだろうと私は思うわけであります》

安倍は国会でも同じような発言を繰り返している。

二〇〇六年一〇月五日、「私は、今まで何回か申し上げているわけでありますが、歴史の認識とか分析について、政治家が一々それを神のごとく判断するのは間違っていると思います。歴史というものに対しては、これは一知半解な意見を言うべきではないし、政治家の吐いた言葉、行なった議論というのは政治的な意味を持ってくるわけでありますし、外交的な問題を生ずる場合がある。当然、そのことを頭に入れながら発言しなければならないのであれば、これは歴史の分析にならないわけでありますし、歴史の分析をある意味曲げてくるという可能性もあるわけであります。歴史はあくまでも歴史家に任せるべきではないか、政治家は謙虚であるのが当然だろう、私はこのように思います」と発言。

まったく同感だ。政治家は歴史に対して謙虚であるべきだ。

では、安倍は何をやったのか？

二〇一三年五月一五日、参院予算委員会で、村山談話をめぐる過去の国会答弁を修正。村山談話を踏襲すると発言。結局、政府として村山談話も河野談話も踏襲することになった。

二〇一四年三月一四日、「この談話は官房長官の談話ではあるが、安倍内閣でそれを見直すことは考えていない」と発言。

二〇一五年一月五日、伊勢神宮参拝後の記者会見で、「安倍内閣としては、村山談話を含め、歴史認識に関する歴代内閣の立場を全体として引き継いでいます。そしてまた、引き継いでまいります」と発言。

二〇一五年四月二八日、オバマ米大統領との共同記者会見で「河野談話は継承し、見直す考えはありません」。

二〇一五年八月一四日、「歴代内閣の立場は、今後も、揺るぎないものであります」。

散々威勢のいいことを言いながら、それまで安倍が「愚かなこと」と言ってきたことを踏襲したわけだ。要するに、底辺のネトウヨ向けのリップサービス。これに騙されたバカが、ホラ吹きを担ぎ上げたという間抜けな構図。

第一〇章　憲法破壊

■ネトウヨ一年生の「改憲論」

みっともない憲法

安倍の憲法理解は基本的にネトウヨ一年生レベルだった。

安倍は言う。

《憲法全体について簡単に触れますと、私はずっと一貫して改憲論者です。理由は三つあります。一つは現行憲法の制定過程に問題があった。GHQ（連合国軍総司令部）の中のニューディーラー、若い人たちが数日間で起草したというのは歴史的事実です。（中略）二点目は、制定から半世紀以上経過して、時代にそぐわない条文、その典型的なものが九条だと思いますが、それ以外にも新しい価値観が生まれている中で見直していかなければいけない条文、あるいは改定しなければいけない条文があるということですね。三点目は、新しい時代、新しい世紀を迎えて「われわれの手で新しい憲法をつくっていこう」という精神こそが、新しい時代を切り開いていくと私は思うんです。（中略）ですから、現行憲法のここがどうこうと字句修正的なことをやるのがいいかというと、それはあんまりいい

とは思ってない。白地から書くということが、むしろふさわしいと思ってます》(「論座」二〇〇四年二月号)

《いじましいんですね。みっともない憲法ですよ、はっきり言って。それは、日本人が作ったんじゃないですからね》(「朝日新聞デジタル」二〇一二年一二月一四日)

安倍はネット番組で「占領下において短い期間で連合国総司令部において二五人の方々によって作られたのは間違いのない事実。こういう過程でできたから変えていくという議論をするのは当然のことだ」と言っていたが、二五人ではなくて五〇人だったら満足するのか。九日ではなくて二週間ならいいのか?

当然、憲法論議の本質はそんなところにはない。

憲法を「白地から書く」と言いながら、憲法を知らない。安倍は立憲主義さえ理解していなかった。

二〇一四年二月三日、安倍は国会で「憲法について、考え方の一つとして、いわば国家権力を縛るものだという考え方はありますが、しかし、それはかつて王権が絶対権力を持っていた時代の主流的な考え方であって、今まさに憲法というのは、日本という国の形、そして理想と未来を語るものではないか、このように思います」と発言。

バカもたいがいにしたほうがいい。もちろん、いつの時代だろうが憲法は権力を縛るためのものである。憲法学においては「固有の意味の憲法」（広義の憲法）と「立憲的意味の憲法」（狭義の憲法）は区別されている。広義の憲法という視点においては、憲法は国家権力を縛る機能だけでなく、国家の秩序の根本規範、つまり国の形（国柄）を表現する規範と捉えられている。当たり前の話だが、それは伝統による正統性を持った規範であり、「理想と未来を語るもの」ではない。

無知と無恥

「私は立法府の長」発言からもわかるように、安倍は自分の役職や権限すら理解していなかった。改憲について「必ずや私の手でなし遂げていきたい」と騒ぎ立て、さすがに党内からも「憲法改正は国会が発議すべきもの」との声が上がった。

憲法に関してはまったくの無知なので、当然、憲法学など知るはずもない。

二〇一三年三月二九日、民主党参院議員の小西洋之が「安倍総理、芦部信喜(あしべのぶよし)さんという憲法学者をご存じですか」と質問すると、安倍は「私は憲法学の権威でもございませんし、（成蹊大学の憲法学の）学生だったこともございませんので、存じ上げておりません」

と答えた。
芦部は、有名な憲法学者である。憲法学の第一人者宮沢俊義（みやざわとしよし）の弟子で、東京大学教授、日本公法学会理事長を務めた。信じがたいことに、安倍は憲法を「前文からすべてを含めて変えたい」（二〇一六年七月一〇日）と唱えているのである。
安倍が在学中、成蹊大学で政治思想史を教えていた加藤節（かとうたかし）教授は言う。
《安倍さんを表現するとき、私は、二つの「ムチ」に集約できると思うのです。一つはignorantの「無知」、もう一つはshamelessの「無恥」です。「無知」についていうと、彼はまず歴史を知らない。戦後の日本が築いてきた歴史を踏まえていないんです。歴史はよく知らないから、そんなものは無視しても良いと考えているのではないでしょうか？》
《ある政策を決定する場面で、現代にいたるまで過去の政権がどういう議論と決定をしてきたか、そのプロセスを知ることは非常に重要なことです。しかし、安倍首相はそういう過去の世代へのリスペクトがまったくないんです》
《もうひとつ、安倍首相のshamelessの「無恥」についてお話ししましょう。一言で言って、安倍さんはずる賢いんです。立憲主義とは、最高規範が権力を縛る、というのが基本的な考え方です。いままでいう最高規範は憲法ですよね。憲法が政策決定に影響を与えるのは当然のことなのです。しかし、安倍首相は自分の考えに同意する人物を登用し、反対する人はクビにしてしまう。つまり、安倍政権のやり方というのは、「法による支配」ではなく「人」による支配なんです》（「FRIDAY」二〇一六年五月二七日号）

母校の教官にここまで言われるのもすごい。

成蹊大学の学生は、就職活動で母校の名前を出すと、「ああ、安倍晋三のね」と冷笑されるという。

二〇一五年九月一三日には、成蹊大学の現役生、卒業生が抗議声明を出していた。

《私たち成蹊大学後輩一同は、あなたの安全保障関連法案における、学問を愚弄し、民主主義を否定する態度に怒りを覚え、また政治学を学んだとはにわかに信じがたい無知さに同窓生として恥ずかしさを禁じえません》

安倍は「法の支配」という概念も理解していなかった。それは「法治主義」とは異なる。「法治主義」は議会が制定した法律により統治が行なわれるべきという原理だが、「法の支配」は統治する側にも及ぶ。

二〇一四年一〇月一九日、安倍は国際法曹協会の年次大会で「法の支配」についてスピーチ。聖徳太子（しょうとくたいし）の「十七条憲法」を持ち出し、「人類愛によって結ばれ、助け合う人間が、合意によって作っていく社会の道徳や規範。それが法です」などと話し、参加した弁護士らの失笑を買った。

経歴詐称

ちなみにSNSなどで「安倍は成蹊大学に裏口入学した」という投稿がたまにあるが、正確ではない。安倍は小学校から大学までエスカレーターで進んでいるので裏口入学したわけではない。安倍は受験を経験したことがない。安倍本人も次のように語っている。

《コンプレックスのない人間なんて、世の中にそういないですからね。一つは、小学校から大学までずっと成蹊学園にいたので、受験を経験していないんです。人間というのは、ある時、目先の目標を達成するため、大変な思いをして、勉強をするということが必要なのではないかという気がします》(「Yomiuri Weekly」二〇〇四年二月二二日号)

疑われているのは経歴詐称である。

私は基本的に学歴などどうでもいいと思っている。一七歳、一八歳のときの記憶力で合否で決まるようなものが生涯付きまとうのは変だと思う。しかし、当たり前の話だが、嘘はダメ。

南カリフォルニア大学政治学科に留学という経歴をホームページに載せていたことがあった。安倍は大学卒業が迫っても、就職活動もせず、卒業後、アメリカに行ったがホームシックにかかった。そして頻繁に東京の実家にコレクトコールをかけてくるため、父晋太郎の堪忍袋の緒が切れた。

《毎晩のようにかけてくる国際電話代が一〇万円にもなる月が続いた。さすがに晋太郎さんが「何を甘えているんだ。それなら日本に戻せ！」と声を荒らげた（安倍家関係者）。

この長電話の一件もあってか、安倍は一年三ヵ月の南加大生活を切り上げ七九年春、〝途中帰国〟している。学位の取得もなかった》（同前）

「週刊ポスト」が当時、南カリフォルニア大学に確認したところ、広報担当者は次のように答えている。

《シンゾウ・アベは七八年の春期、夏期、秋期のみ在籍しています。その間は本学の正規の学生ですが、専攻はまだありませんでした。取得したコース（講座）は全部で六、そのうち三つは〝外国人のための英語〟です。政治学は入っていません。一コースは四単位ですから取得単位は二四。卒業できる数字ではありません》（「週刊ポスト」二〇〇四年二月一三日号）

安倍が学んでいたのはわずか一年。政治学も履修しておらず、〝外国人のための英語〟の授業を受けていただけだった。要するに経歴詐称である。

この留学の肩書は国会でも問題になり、安倍の公式サイトのプロフィール欄から削除された。

自民党憲法改正草案

そもそも憲法を理解していないのだから、改憲の内容が無茶苦茶になるのは当然。「憲法はGHQの素人がつくった」という安倍の憲法観は素人の域にも達していない。安倍改憲論のベースになっている二〇一二年の自民党憲法改正草案には「全て国民は、この憲法を尊重しなければならない」「家族は、互いに助け合わなければならない」などと意味不明の条項が含まれており、もはや憲法ですらない。便所の落書きに近い。

さすがに党内からも「まずい」という声が出た。谷垣禎一は「(これは野党時代に作ったものであり)与党ですと、もう少し実現可能性を考えた」と軌道修正を図ったが、安倍は「私たちはこういう憲法を作りたいと思うから出した」とちゃぶ台をひっくり返した。

安倍は改憲派が戦後積み上げてきたロジックをすべてドブにぶち込み、しまいには憲法九条第一項（戦争放棄）、二項（戦力の不保持と交戦権の否認）を残しながら、第三項を新たに設け、自衛隊の存在を明記すると言い出した。戦力の不保持をうたった後に戦力の保持を書き込む。整合性の欠片もない。アホにも限度があるが、これでは憲法は確実に空洞化する。要するに、戦後の欺瞞に欺瞞を積み重ね、憲法の意味すらぶち壊すということだ。

安倍は「産経新聞」（二〇一九年五月三日）のインタビューで「平成二九年の衆院選で自民党は自衛隊明記を真正面から公約に掲げ、国民の審判を仰ぎました」「（憲法改正は）結党以来の党是」（実際は自主憲法制定）などと嘘、デタラメを並べ立てた。

このような人間に、憲法をいじらせたら、確実に国が滅びる。安倍が改憲にこだわった理由は、バカの一つ覚えのように「改憲」と繰り返すことにより、これまで情報弱者やカルトの支持を集めることができたという成功体験。もうひとつはアメリカに媚を売るために、自衛隊を米軍に差し出そうという奴隷根性である。

アメリカの御威光があれば、どんな無法なことでも押し通す。結局、安倍は自衛隊を国軍にしないまま、つまり法的立場も曖昧なまま海外に派兵しようとしたわけだ。この属国の親玉を支えてきたのが安倍周辺のアホメディアであり、そこに寄生するバカ言論人たちだった。

連中に言わせると、「愛国者」である安倍のやり方に反対するのは「左翼」らしい。こうした思考停止した愚民が、「たしかに安倍さんのやり方は強引かもしれないけど、このままでは国を守ることができない」などと言い出すわけだ。

二〇一六年二月三日、安倍は国会で、憲法改正の必要性に言及。

「占領時代につくられ、時代にそぐわないものもある」「私たちの手で変えていくべきだとの考えのもとで自民党の憲法改正草案を発表した。国会は発議するだけで、決めるのは国民だ。国会が国民に決めてもらうことすらしないのは責任の放棄ではないのか」

憲法は「今の時代に合わせる」ようなものではない。時代が腐っていたら、憲法まで腐らせるのか。そして現実問題として時代は腐っている。

憲法は安倍のようなおかしな人間が出現したとき、国や社会を守るためにあるのだ。

おわりに　安倍の神格化

ここまでお読みになれば、安倍晋三の正体がはっきりわかると思う。

安倍は言う。

《私は総理大臣としてありえないとこう言っているんですから。間違いありませんよ》

《私は総理大臣ですから、森羅万象すべて担当しておりますので》

神になったつもりなのかと揶揄されたが、実際には笑いごとではすまなかった。

大衆社会が末期的な症状を見せる中、安倍の神格化が続いたのである。

大丸下関店の「ＪＯＩＮ０８３」で開催された企画展では、二〇二二年九月の安倍の国葬で、菅義偉が弔辞で紹介した『山県有朋』（岡義武）を展示。ページの右端が折られ、オレンジ色のマーカーペンと黒色のボールペンで印が付けられているという。そんなものを見て何になるのかはさっぱりわからないが、信者にとっては涙が出るほどありがたいのだろう。

菅の弔辞によれば安倍は「いのちを失ってはならない人」であり、その判断は「いつも正しかった」とのこと。安倍は生前「まったく正しいと思いますよ。私は総理大臣なんですから」と述べていたが、菅の弔辞はこれに対応しているのだろう。

要するにカルト。安倍の神格化は生前から進められていた。

政府が制作した海外広報用のネット誌「We Are Tomodachi」には安倍の写真が並び、「東京新聞」（二〇一六年三月三日）は「もはやグラビア誌？」との見出しで報じている。

二〇一七年三月、自民党は総裁任期を「連続二期六年」から「連続三期九年」に延ばす党則改正を行なったが、その際、任期を区切らず多選制限を撤廃する無制限論まで飛び出した。

こんなニュースもある。

《安倍晋三首相は一八日、東京・富ケ谷（とみがや）の私邸周辺や代々木（よよぎ）公園などを散歩した。白いコートと運動靴姿で、約一時間半の散歩を終えて私邸に戻った首相は、記者団に「気持ちよかった」と語った》（「産経ニュース」二〇一八年二月一八日）

《安倍晋三首相は二四日、東京・富ケ谷の私邸周辺を約一時間二〇分かけて散歩した。近所の代々木公園では、通行人らと気さくに記念撮影に応じ、園内の階段を一段飛ばしで上るなど元気な様子を見せた》（「時事ドットコムニュース」同年一二月二五日）

《安倍晋三首相は三日、東京・富ケ谷の私邸周辺を約一時間四〇分かけてゆっくりと散歩し、リフレッシュした。首相は私邸に戻った際、記者団に「久しぶりに一万歩を超えていい運動になった」と述べた》（「産経ニュース」二〇一九年二月三日）
《安倍晋三首相は一七日午後、昭恵夫人と共に東京・富ケ谷の私邸周辺を約一時間半かけて散歩した。公園で咲き始めの梅を観賞するなどして、国会対応に追われる中で気分転換を図った。私邸に戻り、記者団に「九五〇〇歩ほどで、いい運動になった」と語った》（「産経ニュース」同年二月一七日）
《安倍晋三首相は七日昼すぎ、東京・富ケ谷の私邸の近所を約一時間散歩した。統一地方選前半戦の開票を控え、気分転換を図ったようだ》《首相は公園で花見客との握手や写真撮影に気軽に応じ、近くのコーヒー店でアイスコーヒーを購入するなどリラックスした様子を見せた》（「西日本新聞」同年四月七日）

異常極まりない。

二〇一九年六月、自民党本部は「フェイク情報が蝕むニッポン」なる冊子を作製し、安倍を「稀有な政治家」と礼讃。他党議員を罵倒し、安倍だけがイケメンに描かれていた。

同月、安倍に対する問責決議案が出されると、自民党の三原じゅん子は血相を変えて

「安倍首相に感謝こそすれ、問責決議案を提出するなどまったくの常識外れ」「愚か者の所業」「恥を知りなさい！」と公の場で絶対的帰依を誓った。

二〇二二年八月、自民党議員でつくる「保守団結の会」は安倍を「永久顧問」にすることを決定。同日、「産業や伝統文化等への麻の活用に関する勉強会」も安倍の肩書を永久顧問に変更。

二〇二二年一一月には月刊誌「正論」が東京タワー一階ホールで、安倍の写真展「不屈の政治家　安倍晋三写真展〜産経新聞カメラマンがとらえた勇姿〜」を開催。その後、下関や大阪でも開催されたが、統一教会や一連の安倍晋三事件に関する写真はなかったという。

元ＮＨＫ解説委員で安倍の「喜び組」とも呼ばれた岩田明子は、安倍は「光の人」であり、安倍がいると雨は降らなくなると言い出した。

《二〇一三年にモンゴルを訪問した際、同国政府の計らいで、郊外に星を見に行くことになった。雨が降りがちな地域で予報も雨だったが、安倍氏が現地に到着した瞬間、雲が切れて夜空に満天の星が広がった。梅雨のシーズンに開催された伊勢志摩サミットや、ほかの外遊でも同様のシーンがよく見られた》（「ＺａｋＺａｋ」二〇二三年四月六日）

わが国は再び二〇世紀の悲劇を繰り返そうとしている。

安倍をめぐる事件は何ひとつ解明されていない。日本の危機が去ったわけではない。安倍という人物は物理的に消えたかもしれないが、「安倍的なもの」は、依然としてわが国を深く蝕み続けている。

適菜 収

■参考文献

『大衆の反逆』オルテガ・イ・ガセット、神吉敬三訳（ちくま学芸文庫）
『この人を見よ 自伝集』フリードリッヒ・ニーチェ、川原栄峰訳（ちくま学芸文庫）
『増補版 政治における合理主義』マイケル・オークショット、嶋津格ほか訳（勁草書房）
『世界の名著「法の精神」』モンテスキュー、井上堯裕訳（中央公論社）
『新渡戸稲造論集』鈴木範久編（岩波文庫）
『フランス革命についての省察ほか』エドマンド・バーク、水田洋ほか訳（Ⅰ・Ⅱ、中央公論新社）
『安倍「壊憲」政権に異議あり　保守からの発言』佐高信編著（河出書房新社）
『安倍晋三 回顧録』安倍晋三ほか（中央公論新社）
『安倍晋三　沈黙の仮面　その血脈と生い立ちの秘密』野上忠興（小学館）
『日本を壊した安倍政権』ハーバー・ビジネス・オンライン編（扶桑社）
『ニッポンを蝕む全体主義』適菜 収（祥伝社新書）
『コロナと無責任な人たち』適菜 収（祥伝社新書）
『小林秀雄の警告　近代はなぜ暴走したのか?』適菜 収（講談社＋α新書）
『ミシマの警告　保守を偽装するB層の害毒』適菜 収（講談社＋α新書）

『安倍政権とは何だったのか』適菜 収（ベストセラーズ）
『安倍でもわかる保守思想入門』適菜 収（ベストセラーズ）
『安倍でもわかる政治思想入門』適菜 収（ベストセラーズ）
『おい、小池！　女ファシストの正体』適菜 収（ベストセラーズ）
『国賊論　安倍晋三と仲間たち』適菜 収（ベストセラーズ）
『日本をダメにした新B層の研究』適菜 収（ベストセラーズ）
『もう、きみには頼まない　安倍晋三への退場勧告』適菜 収（ベストセラーズ）
『問題は右でも左でもなく下である』適菜 収（ベストセラーズ）
『ナショナリズムを理解できないバカ 日本は自立を放棄した』適菜 収（小学館）
『平成を愚民の時代にした30人のバカ』適菜 収（宝島社）
『それでもバカとは戦え』適菜 収（日刊ゲンダイ）

切りとり線

★読者のみなさまにお願い

この本をお読みになって、どんな感想をお持ちでしょうか。祥伝社のホームページから書評をお送りいただけたら、ありがたく存じます。今後の企画の参考にさせていただきます。また、次ページの原稿用紙を切り取り、左記まで郵送していただいても結構です。

お寄せいただいた書評は、ご了解のうえ新聞・雑誌などを通じて紹介させていただくこともあります。採用の場合は、特製図書カードを差しあげます。

なお、ご記入いただいたお名前、ご住所、ご連絡先等は、書評紹介の事前了解、謝礼のお届け以外の目的で利用することはありません。また、それらの情報を6カ月を越えて保管することもありません。

〒101-8701（お手紙は郵便番号だけで届きます）
祥伝社　新書編集部
電話03（3265）2310
祥伝社ブックレビュー　www.shodensha.co.jp/bookreview

★本書の購買動機（媒体名、あるいは○をつけてください）

＿＿＿＿新聞の広告を見て	＿＿＿＿誌の広告を見て	＿＿＿＿の書評を見て	＿＿＿＿の Web を見て	書店で見かけて	知人のすすめで

★100字書評……安倍晋三の正体

名前

住所

年齢

職業

適菜 収　てきな・おさむ

1975年、山梨県生まれ。作家。ニーチェの代表作『アンチクリスト』を現代語訳した『キリスト教は邪教です！』『小林秀雄の警告 近代はなぜ暴走したのか？』『日本をダメにしたB層の研究』（以上、講談社）、『日本人は豚になる 三島由紀夫の予言』『日本をダメにした新B層の研究』（ともにベストセラーズ）ほか、祥伝社新書に『コロナと無責任な人たち』『100冊の自己啓発書より「徒然草」を読め！』『ニッポンを蝕む全体主義』『古典と歩く大人の京都』など著書は50冊以上。

安倍晋三の正体（あべしんぞうのしょうたい）

適菜 収（てきな おさむ）

2023年7月10日　初版第1刷発行

発行者……………辻 浩明
発行所……………祥伝社（しょうでんしゃ）
〒101-8701　東京都千代田区神田神保町3-3
電話　03(3265)2081(販売部)
電話　03(3265)2310(編集部)
電話　03(3265)3622(業務部)
ホームページ　www.shodensha.co.jp

装丁者……………盛川和洋
印刷所……………萩原印刷
製本所……………ナショナル製本

Printed in Japan　ISBN978-4-396-11682-8　C0295

〈祥伝社新書〉
歴史に学ぶ

545
日本史のミカタ
「こんな見方があったのか。まったく違う日本史に興奮した」林修氏推薦
国際日本文化研究センター所長 井上章一
東京大学史料編纂所教授 本郷和人

588
世界史のミカタ
「国家の枠を超えて世界を見る力が身につく」佐藤優氏推奨
井上章一
小説家 佐藤賢一

630
歴史のミカタ
歴史はどのような時に動くのか、歴史は繰り返されるか……など本格対談
井上章一
国際日本文化研究センター教授 磯田道史

578
世界から戦争がなくならない本当の理由
なぜ「過ち」を繰り返すのか。池上流「戦争論」の決定版！
ジャーナリスト 名城大学教授 池上 彰

570
資本主義と民主主義の終焉
平成の政治と経済を読み解く
歴史的に未知の領域に入ろうとしている現在の日本。両名の主張に刮目せよ
法政大学教授 水野和夫
法政大学教授 山口二郎